현득의 명상 에세이

홍현택 지음

시간의 물레

현독의 명상 에세이

- 참나를 찾아서 -

■ 추천사

순수한 영혼의 울림

이병헌(대진대 명예교수, 문학평론가)

이 책은 재미동포 홍현택의 정신세계가 어떻게 형성되었으며 어떤 방향으로 발전해 나아갔는가를 자전적 서술을 통해 투명하게 보여주고 있다. 무엇보다 주목되는 것은 생래적으로 그의 내면 깊숙한 곳에 예민한 미적 감각이 싹터 있었고 이것이 그를 궁극적으로 기도와 명상의 세계로 이끌었다는 점이다. "내 몸이 '나'가 아니다"라는 라마나 마하르쉬의 가르침을 기반으로 하는 이 책의 생명은 저자가 일생을 통해 느끼고 사색하고 연구한 모든 것을 이 하나의 경구로 꿰어서 우리를 사색과 명상의 길로 인도하고 있다는 데에 있다. 이것은 마치 예술가들이 여러 가지 미적 의장을 통해 자신의 본질을 드러내고자 노력하고 있는 것과 흡사하다. 진지하고 집요하게 자신과 세계의 본질을 탐구해가는 그의 모습에서 나는 진정한 예술가의 혼을 느낄 수 있었다.

서울중고등학교 동창으로 어린 시절부터 알고 지낸 홍현택은 누구보다도 순수한 감성과 선한 마음을 지닌 친구였다. 하지만 내성적이며 조용한 그의 내면에는 폭발적인 에너지가 감추어져 있었다. 이 저술은 그러한 에너지의 집적과 발현이라 할 수 있다. 명경지수 같은 현택의 글에 우리 자신을 비추어 보면 평소에 잘 모르고 지내던 본래의 자아가 그 모습을 드러내는 경험을 하게 된다.

이 책에서 저자는 온갖 그의 삶의 경험과 유가의 이기론, 불가의 연기설, 노장사상, 과학 법칙, 하느님의 말씀, 나아가 컴퓨터의 세계에 이르기까지 모두가 하나로 융합되는 원리를 제시하고 있다. 이를테면 컴퓨터의 '프로그램'이 이기론의 '이'와 기독교의 '말씀'과 연결된다면, '전기에너지'는 이기론의 '기'와 기독교의 '성령'과 통한다는 것이다. 그는 자연 상태의 모든 것들은 기도의 상태라 할 수 있는데 그것은 만물이 균형의 상태에서 진동중이기 때문이라고 한다. 이러한 메시지를 접하며 나는 저자의 영혼 깊은 곳에서 전해오는 떨림을 느낄 수 있었다. 이처럼 순수한 영혼과의 만남은 현대 사회의 병폐를 껴안고 힘겨운 일상을 살아가는 동시대인들에게 신선한 자극과 위로가 되리라 생각한다.

머리말

어린 시절부터 남달리 감수성이 예민했고 생각이 많았다. 강원도 영월에서 초등학교 저학년까지를 아름다운 자연과 하나 되어 뛰놀며 지냈다. 특히 강가에서 보냈던 시간은 금빛같이 찬란한 순간들로 지금까지도 기억에 생생하다.

어항으로 물고기를 잡으러 동네 형들을 따라 서강에 간 적이 있었다. 강물 속에 놓아두었던 어항을 들어 올린 순간 어항 속에 가득한 물고기가 햇빛을 받아 반짝이던 광경은 이루 말로 표현할 수 없는 황홀경 그 자체였다.

현기증이 날 만큼 아름답다는 말을 실감해 본 적이 있는가? 그 순간의 그 반짝임은 아름다움의 극치였으며, 나로 하여금 '몰아(沒我)' 내지는 '존재'의 순간을 경험하도록 한 사건이었다.

이와 유사한 일들은 그 시절 자주 경험하였고, 알지 못하는 가운데 나의 내면에 조금씩 흔적을 남기고 있었다. 이후 서울로 중고등학교를 진학한 후에도 가끔 그런 순간들이 있었는데 별다른 주의는 기울이지 않고 대학까지 평범하게 학창 생활을 마칠 수 있었다. 어린 시절과 그때의 유별났던 아름다움에 대한 그리움을 평생토록 지니고 살았는데, 나이가 고희를 바라보는 지금, 다시금 돌이켜 보고 그 의미까지도 함께 정리해 보아야겠다는 생각을 했다.

　대학 졸업 후 외환은행에 입사하여 평범하게 직장 생활을 하던 중 우연히 접한 초월명상으로 인해 인생의 대 전환이 일어났다. 세상일보다는 보이지 않는 세계에 관심을 더 가지게 되면서 가치관의 전도가 일어난 것이다. 이때부터 보이지 않는 진리를 찾겠다며 길을 떠나 오늘에 이르게 되었다.

　나이 마흔이 되었을 때 17년간 다니던 직장을 그만두고 미국 이민을 떠났다. 영어는 처음 배우기 시작한 순간부터 좋아했고, 이민을 떠날 당시만 해도 대부분 사람은 미국에 대한 동경을 가지고 살았던 시기였다. LA쪽에 5년 정도 살다가 콜로라도 덴버에 정착해 세탁소를 하며 20년 넘게 살고 있다. 돌이켜 보면 미국을 오게 된 것도 덴버에 살게 된 것도 모두가 그리될 인연이기에 그리된 것으로 여겨진다.

　덴버에서도 가던 길을 계속 걸어왔다. 책 읽고 기도하고 명상하는 것이다. 여기에서 또 하나의 반전이 일어났으니 이번에는 라마나 마하르쉬와의 만남이었다. 물론 그의 책을 통한 만남을 말하는 것이다. 어떻게 하여 그의 대담집 『나는 누구인가』라는 책을 읽게 되었는데, 읽는 중에 이제 더 이상의 책은 읽을 필요가 없겠다는 생각이 저절로 들었다.

책을 관통하는 내용은 '나는 내 몸이 아니다'라는 것이다. 여기에서의 '나'란 참나를 말하는 것이다. 모든 사람이 '나'라고 생각하는 그것은 '에고'라고 하는 것으로 실제로는 존재하지도 않는 허구의 생각일 뿐이라는 것이다. 그 생각을 시작으로 몸이 '나'라는 생각이 자리를 잡고 그로부터 시간과 공간의 상대세계가 펼쳐지게 된다고 한다. 따라서 몸이 나라는 생각에서 벗어났을 때, 우리는 모든 상대성을 벗어나 '본연의 나'로서 완전한 자유를 누릴 수 있다고 하는 것이다.

이 책에서는 '내 몸이 나가 아니다'라는 말을 처음부터 끝까지 반복할 것이다. 왜냐하면, 그 간단한 말 한마디는 진리를 향한 첫걸음이자 모든 것이라고 여겨지기 때문이다. 그 말 한마디는 동서고금의 책에 수록된 어떤 가르침보다도 귀한 것이라고 믿어 의심치 않는다.

이 책에는 내가 그동안 살아오면서 경험하거나 느끼고, 의문을 가지고 또 그 의문을 풀어 온 모든 과정을 기록하였다.

오래전부터 쓰고자 하였으나 나 자신이 부족하다는 생각에 주저하며 포기하려고까지 했다. 그러나 작년에 세상을 떠난 막내 여동생이 나에게 책 쓰기를 권유하였기에 그 뜻을 기려 저술을 시작하게 되었다.

 이 책은 사랑하는 내 동생 현주에게 바친다.

| 목차 |

추천사   4
머리말   7

제1장 유년·학창시절 ·················· 15
1. 유년의 추억 ························ 16
2. 익사 체험 ·························· 19
3. 밑밭에서 ··························· 22
4. 이상한 느낌들 ···················· 25
5. 상대성에 대한 기억 ············· 28
6. 학창시절 ··························· 31
7. 자기최면 ··························· 33
8. 연민 ································· 36
9. 영어 선생님 ······················· 39
10. 영혼의 절규 ····················· 41
11. 두 갈래 길 ······················· 43
12. 요통의 체험 ····················· 47

제2장 직장 시절 ························ 51
1. 초월명상 ··························· 52
2. 명상을 통한 변화 ················ 56
3. 책 읽기 ····························· 60
4. U.F.O. ······························ 63

5. 단전호흡 ··· 66
  6. 도를 아십니까? ··· 69
  7. 눈 오는 밤 ··· 72
  8. 직장 선배와 큰 스님 ··································· 75
  9. 신경증 ··· 78
  10. 프로그램으로서의 법칙성 ··························· 81
  11. 천주교 입교 ··· 85
  12. 성령 체험 ·· 90
  13. 영어 ··· 94

제3장 이민 시절 ··· 97
  1. 마음 수련 ·· 98
  2. 등산 편력 ·· 101
  3. Mount Elbert ·· 104
  4. 어떤 순환 ·· 106
  5. Power of Now ·· 109
  6. 카를 구스타프 융 ······································ 112
  7. 라마나 마하르쉬 - 내 몸이 나가 아니다 ········ 116
  8. 양자 역학 ·· 121
  9. 구글 맵 ··· 123
  10. 거울에 비친 나 ·· 125
  11. 환상 통증 ··· 128
  12. 꿈과 현실 ··· 130
  13. 그랜드 티톤에서의 캠핑 ···························· 134

14. 크루즈 여행	137
15. 카지노에서	140
16. 골프	143
17. 너 자신을 알라	147
18. 천상천하 유아독존	149
19. 회광반조(回光返照)	152
20. 일체유심조(一切唯心造)	155

제4장 마무리 ·············· 159
  1. 이기론 ·············· 160
  2. 원죄론 ·············· 163
  3. 기도 Ⅰ ·············· 166
  4. 기도 Ⅱ ·············· 170
  5. 외로움에 대하여 ·············· 173
  6. 개념에 대하여 ·············· 176
  7. 도에 대하여 ·············· 180
  8. 깨달음에 대하여 ·············· 184
  9. 사랑에 대하여 ·············· 188
  10. 나는 누구인가? ·············· 191
  11. 포항 고모 ·············· 194
  12. 손녀딸 ·············· 197
  13. 사랑하는 내 동생 현주 ·············· 200

맺음말 ·············· 206

제1장
유년·학창시절

1. 유년의 추억

어린 시절 국민학교(지금의 초등학교) 3학년까지를 강원도 영월에서 자랐다. 그 시절을 생각하면 그저 막연한 그리움만이 가득 차오른다. 지금의 나를 이루는 바탕은 그 시절에 형성되었다고 해야 할 것이다. 그저 그런 평범한 집에서 다섯 남매가 부모님과 함께 살았는데, 나는 항상 동네 친구들과 바깥으로 나돌며 시간 가는 줄 모르고 지냈다.

같이 놀던 애들이 국민학교에 들어가 외톨이가 되려 할 때 부모님은 나이가 한 살 어린 나를 그냥 학교에 집어넣어 버렸다. 1962년도였는데 그 당시 시골에서는 아무 일 없이 자연스러운 일이었다. 부모님 생각으로는 학교생활을 따라가면 그냥 두는 것이고 그렇지 못하면 다음 해에 다시 넣을 심산이셨는데 불행인지 다행인지 다음 해 다시 갈 일은 없었다.

방과 후에는 여전히 산으로 들로 강으로 어울려 다니는 것이 일과였다. 집에서 나와 철길을 따라 강바닥으로 내려가는 길이 지금은 기억에 가물거린다. 내려가다 보면 오른편으로 연못이 하나 있었는데 그곳에서 여름이면 왕잠자리를 잡고, 겨울이면 외날 썰매를 만들어 얼음을 지치곤 했다. 그 빠른 왕잠자리가 물에 닿을 듯 말듯 못 가를 맴돌 때 댑싸리로 잽싸게 물에 처박고는 물에서 건져내어 잡는 것이다.

연못을 지나 한참을 가면 왼편으로 샘물이 있었다. 동네 사람들이 모두 그곳에서 물을 길어다 먹던 곳이다. 거기에는 항상 바가지가 놓여 있었는데, 요즘에는 보기도 어려운 박으로 만든 재래식 바가지였음은 물론이다. 지나가다 목이 마르면 그 바가지로 물을 떠서 마셨는데, 50~60년이 지난 지금까지도 물 마실 때 골이 가득한 그 바가지에 담긴 눝에 비쳐 일렁이던 영롱한 물그림자를 잊지 못한다. 그것이야말로 현재 나의 미적 감각의 바탕이 되었음은 두말할 것이 없다.

샘물을 지나면 이내 강바닥에 다다르는데 흰 모래와 자갈이 끝없이 깔려있고 푸른 물이 넘실거린다. 맨몸으로 물에 들어가 놀다가 모래밭으로 나와서 돌 장난을 하였고, 그러다가 지쳐서 그 자리에 누우면 하늘에는 해가 쨍쨍하고 옆으로는 강물이 넘실거린다. 그런데 웬만큼 나이가 들고 나서부터 줄곧 의문을 가지게 되었던 것이 있으니 그것은 왜 그 강물이 내 눈높이보다 위에서 넘실거렸는가 하는 것이었다. 누구나 그것은 착각이라고 치부해 버리겠지만 나는 그것이 결코 착각이 아니라고 믿고 있으며 지금까지 그 의문을 풀려고 노력해 왔다.

  이 글을 쓰는 지금에야 비로소 그 의문이 풀렸다. 어린 시절 강가에서 놀며 강물을 바라보던 바로 그 순간 나는 모든 상대성을 벗어나 있었다. 위아래가 따로 없으니, 하늘과 땅이 따로 없고, 강물과 내가 따로 없이 그저 거기 그렇게 있었던 것이다.

2. 익사 체험

국민학교 시절인지 그 이전인지 확실치 않지만, 두서너 살 많은 동네 친구들과 서강으로 멱감으러 간 적이 있다. 뜨거운 태양 아래 모두 신나게 놀고 있던 중 나는 홀로 떨어져 강물 속의 모래를 밟고 서 있었다. 바로 그 순간 발밑의 모래가 물살에 슬슬 흩어지기 시작했고 내 머리는 바로 물 밑으로 처박혔다.

당시 전혀 헤엄을 칠 줄 몰랐던 나는 한참을 수표면 위아래로 오르내리며 버둥거리다가는 이내 그대로 물속에 잠겨 버렸다. 어린 시절 아버지 손에 이끌려 간 이발소에서 이발사가 머리를 깎은 후 머리를 감겨 줄 때 부어주는 물만으로도 숨을 쉬지 못해 죽을 것 같이 느낄 정도였으니 그 상황이 어느 정도였는지는 말할 것도 없다.

다른 친구들은 나를 보고서 장난을 치는 것으로 생각했다고 후에 이야기했다. 젖먹던 힘을 다해 살려고 발버둥을 쳤지만 얼마 지나지 않아 모든 노력을 멈출 수밖에 없게 되었고 내 몸은 그냥 물속으로 깊이 잠겨 버렸다.

바로 그 순간 있었던 일을 나는 평생을 잊지 못한다. 눈에 보이는 것은 온통 푸르름뿐 마음은 그저 완전한 평화뿐이었다. 그런 평안함을 난 살면서 이태까지 한 번도 다시 느껴보지를 못했다.

헤엄칠 줄 아는 친구가 물에서 건져내어 큰 바위에 엎어 놓고 물을 토하게 하였는데, 나는 그때에야 정신을 차렸다. 정신이 나자마자 엄마한테 혼날 일이 생각났고 그날 일은 집에서는 한 번도 입 밖에 내질 않았다.

살아오면서 그때의 체험은 항상 나와 함께 하며 궁금함의 대상이 되어 왔다. 그로부터 한 삼십여 년 지난 후에야 그에 대한 이해가 생겨났으니 그건 다름 아닌 죽음의 문턱을 넘어서는 체험이었다는 것이다.

등반가 라인홀트 메스너가 쓴 『죽음의 지대』라는 책에서 그는 암벽등반 중 추락을 경험한 수많은 사람의 이야기를 하고 있는데, 추락하는 극히 짧은 순간에 살고자 하는 모든 노력을 완전히 포기한 사람들은 추락 직후 통증은 전혀 느끼지 못하고 오히려 완전한 평화를 느낀다고 한다. 그것은 열반체험과 같은 것이라고 하고 있다. 이런 사람들은 암벽등반을 다시 하는데 아무 문제가 없는 반면, 추락하면서 삶을 완전히 포기하는 데까지 이르지 못한 사람들은 이후 엄청난 두려움으로 다시는 암벽등반을 할 수가 없다고 한다.

어려서 내가 한 체험은 죽음의 체험이었다. 죽음이란 살아 있더라도 완전히 삶을 포기한 상태라고 여겨진다. 통상 우리가 아는 죽음은 진정한 죽음이라 할 수 없다. 살아 있으면서도 모든 것을 완전히 내려놓는 것이 진정한 의미의 죽음이며 그 죽음을 통해서만 우리는 새롭게 태어날 수 있다.

3. 밀밭에서

　동네 아이들과 어울려 낮이고 밤이고 뛰어놀던 시절이 있었다. 걱정할 것은 아무것도 없었으며 시간 가는 줄 모르고 그저 놀기만 하면 되는 꿈같은 시절이었다. 모두 가난했던 시절 우리 집은 넉넉하지는 않았지만, 밥 먹을 걱정은 없이 살았다. 나이가 좀 많은 동네 아이들은 겨울철 땔감을 마련하기 위해 산으로 나무를 하러 가기도 했고 여름이면 아이스케이크 통을 메고 여기저기 팔러 다니기도 했다. 나는 그 아이들이 너무도 부러웠지만, 어머니는 내가 그런 일을 하도록 내버려 두지는 않으셨다.

　한번은 아이들과 들에서 무슨 장난을 하고 놀았는데, 어쩌다 나는 내 키보다 크게 자란 파란 밀밭으로 들어가게 되었다. 그것이 밀밭인지는 내가 어른이 되어서야 확신하게 되었지만 어려서는 내내 보리밭이라고만 여기고 있었다.

　나도 모르게 그 가운데로 깊숙이 들어선 순간 내 의식에는 초록 외에는 아무것도 남은 것이 없었다. 진하지 않은 옅은 초록인데 밑도 끝도 없이 그저 초록뿐이었다. 이 기억은 너무도 강렬하고 인상적이어서 평생 뇌리를 떠나지 않고 있다.

또 한번은 산자락에서 아이들과 놀다가 돌부리에 걸려 넘어진 일이 있다. 넘어진 순간 내 눈앞에는 이름 모를 들꽃이 바짝 다가와 있었는데 꽃 위로는 벌 한 마리가 날고 있었다. 그런데 이상하게도 그 장면은 옛날 영화관에서 고장으로 소리는 나지 않고 화면만 돌아가는 영화의 한 장면처럼 느껴졌다. 이때 가졌던 느낌 또한 지금까지도 잊지 않고 가지고 있는 기억 중의 하나이다.

그로부터 몇십 년 후 영화 〈라이언 일병 구하기〉를 보았는데 첫 화면에서 그와 똑같은 느낌이 들었다. 2차 세계대전 중에 전쟁의 한 장면이었는데 여기저기 포탄이 작렬하는 참혹한 전쟁 중에 주인공에게 보이는 시야를 표현하는 화면이었다. 포탄 터지는 소음이 진동하는 가운데 순간적으로 주인공에게는 아무 소리도 들리지 않고, 눈앞에서 동료의 몸이 갈가리 찢어져 날리는 것을 보면서도 주인공은 아무런 감정의 동요 없이 덤덤하게 지켜보는 상황이었다.

후에 알게 되었지만, 위에서 말한 일들은 나도 모르는 사이 저절로 나 자신의 자아가 소멸하여 발생한 일이었다. 자아가 소멸한 순간 나는 내 몸이 나라고 하는 생각에서 잠시 벗어나 의식 자체인 본연의 "나"로서 존재함에 따라 경험하게 된 것이었다. 이에 대해서는 후에 계속 이야기해 갈 것이다.

4. 이상한 느낌들

  살아오면서 평상시와는 다른 이상하고 야릇한 느낌을 다들 가져 보았을 것이다. 내가 처음 엘리베이터를 타 본 것은 화신 백화점에서였다. 중학교를 서울로 올라와 교복을 사러 아버님을 따라 생전 처음 가 본 백화점이 종로2가에 있던 화신백화점이었다. 엘리베이터가 위로 움직이기 시작했을 때 가졌던 느낌이 그중 하나였다.
  나중에 자동차 운전을 하게 되면서 경험한 것인데 정차하고 있다가 앞으로 출발하려 할 때, 기어가 후진으로 되어 있는 것처럼 뒤로 움직이게 되었을 때 이상한 느낌이 든다. 때로는 차를 타고 아주 급경사의 고개를 넘어 가라앉듯이 주행하는 경우 푹 꺼지는 듯한 느낌이 드는데 이 또한 같은 야릇한 느낌이다. 또 비행기가 지상에서 최대의 속도를 내어 달리다가 이륙하는 바로 그 순간에도 이상한 느낌이 들게 된다.

아이들이 어릴 때 함께 놀이공원에 가서 놀이기구를 타곤 했다. 급하게 달리던 놀이기구가 궤도를 따라 왼쪽으로 급회전을 하는 바로 그 순간 나는 궤도를 벗어나 오른쪽으로 나가 있다는 느낌이 들었던 적이 있다.

이 모든 이상한 느낌들은 무엇일까 하는 의문을 평생토록 가지고 살아왔다. 어려서부터 여러 가지 의문을 많이 가지고 그 의문들을 풀려고 부단히 노력해 오면서 알게 된 것이 있다. 알아내고자 하는 마음을 가지고 의문을 놓치지 않고 끝까지 꽉 붙들고 있으면 언젠가는 풀린다는 것이다.

그러면 이 느낌들은 무엇일까? 이 이상한 느낌들은 우리가 모두 알고 있는 바와는 달리 몸이 내가 아니므로 생기는 것이다. 위에서 엘리베이터를 처음 타 본 경우 내 몸이 그렇게 빨리 위쪽으로 이동하는 것은 이전에 경험해 본 적이 없으므로 몸이 이미 빠르게 상승하였음에도 생각으로는 내가 아직 아래의 원위치에 있다고 생각하기 때문에 그 괴리로 인해 이상한 느낌이 생기는 것이다.

여타도 전부 마찬가지이다. 자동차를 앞으로 출발시키려고 하는데 뒤로 갈 경우, 몸은 이미 뒤에 가 있는데 생각으로는 내가 앞에 있을 것으로 기대를 하므로 그 괴리가 이상한 느낌을 만들어 내는 것이다.

　우리는 평생토록 온갖 괴로움과 걱정이 한시도 끊어지는 날 없이 살아간다. 걱정과 괴로움은 몸이 나라고 하는 철석같이 굳은 믿음을 가지고 있으므로 생기는 것이다. 위에서 언급한 여러 가지 이상한 느낌들의 원인을 깊이 들여다보고 몸이 나라고 하는 맹신을 탈피해야겠다. 그것만이 우리가 행복할 수 있는 유일한 길이기에 그러하다.

5. 상대성에 대한 기억

　어린 시절 명절날이면 부모님과 함께 아버님 고향을 향해 떠났다. 강원도에서 충청도까지의 멀지 않은 거리임에도 그 당시에는 새벽부터 기차를 타고 버스를 몇 번이나 갈아타고는 캄캄한 밤이 되어서야 십리 길을 걸어 할아버지 댁에 도착하곤 했다. 기억에 남는 것은 캄캄한 한밤의 별들 하며, 기차를 타고 통과하던 수많은 터널에 대한 기억들이다. 터널을 지날 때의 축축하고 매캐한 느낌은 아직도 기억에 생생하다.
　기차 여행에서 또 한가지의 기억은 역에서 정차해 신호를 기다리고 있을 때의 일이다. 예전에는 기관사가 차장이 보내는 수신호를 보고서야 열차를 출발시켰다. 아무 생각 없이 차창 밖을 보고 있노라면 내가 타고 있는 열차가 뒤로 움직이기 시작하는 것이다. 한참 후 옆에 있는 열차가 눈앞에서 사라지고 나서야 내가 타고 있는 열차는 움직인 것이 아니고 그 열차가 앞으로 이동한 것이라는 것을 알게 되곤 했다. 이때 느껼던 이상한 느낌은 평생 화두처럼 따라다니며 상대성에 관한 탐구를 하도록 했다.

지금 사는 집의 침실에는 딸린 옷장이 있는데 별도의 조그만 방에 옷을 걸 수 있고 불도 켤 수 있게 되어 있다. 옷장에 들어가 문을 닫으면 칠흑같이 캄캄하다. 가끔 불을 켜지 않고 옷장에 들어가서는 두 눈을 떴다가 감았다 해 본다. 너무나 캄캄해서 아무것도 볼 수가 없다. 빛이 없는 상태에서는 눈을 뜨나 감으나 아무 차이가 없으며 눈이 있으나 없으나 차이가 없다는 생각을 해 보았다.

평생 눈이 좋아 안경을 써 본적 없이 살았는데 최근에 노안으로 돋보기 없이는 가까이 있는 것을 보는 데 어려움이 많다. 심지어 밥을 먹을 때도 돋보기를 써야 편안할 정도이다.

워낙 하늘을 우러러보기를 즐기는 터라 파란 하늘을 자주 쳐다보다가 든 생각은, 눈이 좋든 나쁘든 어떤 도수의 안경을 꼈건 아무 차이 없이 하늘은 똑같이 보인다는 것이다.

세상의 모든 것은 상대성을 가지고 인식된다. 그런데 상대성이란 우리의 생각일 뿐이다. 모든 상대성은 '나'에 대한 인식에서 비롯된다. 내 몸을 나라고 인식하는 순간에 나와 상대성을 가진 '너'가 생겨나고, 내 몸을 기준으로 안과 밖이 생겨나고, 좋고 싫고가 생겨 나는 등 모든 상대성이 생겨나는 것이다. 이 모든 상대성은 절대적인 것이 아니고 그저 생각에서 비롯되는 것일 뿐이다.

  이러한 상대성으로 인해 과거와 미래가 생겨나고 우리의 삶은 온통 걱정거리가 되어 버린다. 온갖 걱정에서 벗어나 행복할 수 있는 유일한 길은 상대성에서 벗어나는 것밖에는 없다. 모든 상대성은 생각일 뿐이라고 했는데 상대성을 벗어나는 길은 상대성이 일어나는 원천인 생각을 일으키지 않는 것이다. 그런데 모든 생각의 시작은 내 몸이 나라고 하는 생각이니 내 몸이 나라고 하는 생각에서 벗어나야 한다.

6. 학창시절

  중고교 시절 인왕산 자락의 넓은 터에 자리 잡은 학교에서 육 년 동안의 청소년기를 보냈다. 봄이면 교사 뒤쪽의 산에서는 아카시아꽃 내음이 진동하고 학교 정문을 거쳐 본관에 들어설라치면 라일락 향기가 코를 찔렀다. 윤형주가 부른 '우리들의 이야기'의 가사에서 라일락꽃 향기가 흩날리는 교정에서 우리가 만났다는 가사가 남다르게 들리는 데는 이러한 연유가 있다.

  빡빡한 수업시간 중간에는 십 분 동안의 휴식 시간이 있었는데, 십 분 동안 60명의 악동은 교실 이곳저곳에서 아수라장을 연출하곤 했다. 나는 보통 조용한 편이라 자리를 뜨지 않고 지키는 편이었다. 몇 번인가는 옆의 친구가 툭 쳐서 깜짝 놀라곤 하였는데 친구는 나보고 무슨 생각을 하고 있었냐고 묻고는 했다. 사실인즉 나는 멍하니 아무 생각을 하지 않고 있었는데 말이다.

그런 일이 몇 차례 있고 나서야 나는 옆의 친구들이 그저 장난을 치는 것이 아니라는 것을 알게 되었고, 바로 그때 나는 어떤 상태에 있었던 것일까 하는 의문을 갖기 시작한 것도 그로부터도 십몇 년이 지난 다음이었다.

방과 후나 휴일에는 본관 앞의 잔디밭에 누워 뒹굴뒹굴하기도 하였는데 또 다른 경험을 하게 된 것은 그때였다. 파아란 하늘만 있을 때도 있었고 뭉게구름이 둥둥 떠 있을 때도 있었는데, 어느 순간 주변의 모든 것은 내 인식 바깥으로 밀려나고 내 인식에는 그저 하늘의 푸르름만이 있는 것이었다.

어렸을 때 놀다가 체험한 것과 같은 것인데 고교 시절에도 가끔 그런 일은 일어났다. 하지만 당시로써(서)는 아무런 생각 없이 그냥 지나쳐 버렸다.

그 의미를 알게 된 것은 그로부터 몇십 년 후의 일이었고 다시금 그 상황을 체험하고 싶은 욕망이 생겨났다. 그 상황이란 자아가 소멸하여 내 몸이 나라고 하는 착각에서 벗어난 참나로서의 존재의 상태를 일컫는다. 어린 시절 나도 모르게 저절로 그 상태를 수시로 체험하는 행운이 있었지만, 지금은 예전처럼 마음이 순수하지를 못하고 온갖 생각으로 어지러운지라 그와 같은 일은 일어나지 않고 있다.

7. 자기최면

 강원도 원주에서 국민학교를 졸업하고 중학교를 서울로 진학했다. 주변에는 온통 서울의 명문 사립 국민학교 출신들이 많았다. 지금은 어떤지 모르지만, 그 당시에는 비록 국민학교인데도 불구하고 그런 학교들은 명성이 자자했다. 나는 시골에서 올라와 친구도 마땅히 사귀지 못하고 있을 무렵인데 그 친구들은 서로 국민학교 때부터의 친구들이라 저희끼리 이미 친하게 지내는 사이였고 나는 그것이 무척이나 부러웠다.
 당시 나는 워낙 수줍어하고 주변머리도 없었던지라 사실 상당히 외롭게 지냈다. 거기에다 말투도 서울 애들하고는 달랐고 시골 출신이라는 자격지심도 있고 하여 자존감이 상당히 떨어져 있었다. 어떻게 접하였는지 기억은 나지 않지만, 자기최면을 시도해 보기로 했다. 중학교 2학년 때였다.

당시 청계천에는 중고서점이 즐비하였는데 하굣길에 서점에 들러서는 자기최면 책을 사 집에 와서 읽으면서 바로 시도를 해 보았다. 누워서 오른팔이 점점 무거워진다는 암시를 주는 것을 시작으로 왼팔, 오른 다리, 왼 다리가 무거워서 들 수도 없다는 생각에 집중하는 것이었다.

다행인지 불행인지 첫 번의 시도에 성공해 버렸다. 내 몸이 한도 끝도 없이 밑으로 푸욱 꺼지는 것 같은 느낌과 함께 내 손발을 위시한 몸이 있는지 없는지도 모르는 상태가 되어버렸다.

갑자기 엄청난 두려움이 나를 사로잡았고 바로 그 상태를 벗어나야겠다는 생각이 들면서 원래 상태로 돌아왔다. 이후 다시는 그 책에는 손을 대지도 않았다. 자아가 막 소멸하려는 순간 소멸의 두려움을 느낀 자아가 나에게 엄청난 두려움을 느끼게끔 한 것이었다.

자아가 소멸하는 것이 바로 깨달음이자 열반이다. 자아란 원래 있던 것도 아니고 생겨난 것인데 사실상은 존재하지도 않는 허깨비 같은 생각일 뿐이다. 그 자아가 본연의 나를 대신하여 자리를 잡고 들어앉아서는 주인 행세를 하는 것이다. 살아서 하는 모든 경험은 자아를 점점 강화하고 그에 따라 모든 경험은 더욱 왜곡되는 것이다. 일어나는 모든 일은 있는 그대로 경험되는 것이 아니라 자아의 입맛에 따라 가공된 상태로 경험된다. 자아가 소멸하였을 때만이 우리는 모든 것을 있는 그대로 받아들이고 경험할 수 있게 된다. 자아의 소멸만이 우리를 부자유의 질곡에서 해방시켜 완전한 자유인이 되도록 할 것이다.

요즈음 잠자리에 누워 시간이 있을 때면 어렸을 때 가다만 그 끝까지를 가려고 해 보지만 번번이 초입에도 들지를 못한다. 가보려는 자아의 욕심이 과한 탓이다. 이 길은 가려고 하는 마음이 없으면 이미 가려고 하는 곳에 있게 되는 신비한 길이다. 이름하여 길 없는 길이라 한다.

8. 연민

   중학교 다니던 시절 선생님 대부분에게는 별명이 하나씩 붙어 있었다. 물론 학생들이 지은 것인데 지금 생각해 보아도 어찌 그리들 기가 막히게 지었는지 모른다. 국어 선생님이 계셨는데 죄송스럽게도 그 별명이 '팔푼이'였다. 어떻게 어린아이들이 나이 많은 선생님께 그런 별명을 지었는지 몹시 송구스럽다. 아이들은 선생님 안 계실 때 그 몹쓸 별명을 부르며 희희덕거리곤 했다.
   어느 날 선생님께서 책을 소리 내어 읽으며 우리가 앉아 있는 책상 사이를 왔다 갔다 하셨다. 그날 나는 선생님께서 돌아서 칠판 쪽으로 가실 때 선생님의 바지 엉덩이 쪽을 봤는데 바지가 반질반질했다. 어머니가 집에서 다림질하는 것을 봐서 아는데 같은 옷을 오랫동안 집 다리미로 다려 입으면 옷이 반들반들하다. 어찌 된 일인지 모르겠으나 그 순간 갑자기 선생님이 불쌍한 생각이 들었다. 나이도 어린 내가 어찌하여 감히 선생님에 대하여 그런 감정을 가지게 되었는지 알 수 없다. 국어 시간에 있었던 그 일은 평생 마음에 남아 있었는데 그것을 통해서 크게 배운 것이 있다. 살아가면서 미워하는 사람, 용서가 안 되는 사람들이 있어도 불쌍한 마음이 들기 시작하면 미워하지 않을 수 있고 용서가 되더라는 것이다.

마흔이 넘은 나이에 막내아들을 얻게 되었다. 아이가 초등학교에 다닐 때인지 그 전인지 정확히 기억이 나지 않는데 어느 날 침대에 누워 자는 모습을 보고 있으려니 이불 사이로 나와 있는 발이 보였다. 무심코 발을 쳐다보고 있는데 그냥 슬픈 느낌이 일어났다. 별다른 생각이 든 것은 아니었는데 무슨 연유인지는 알 수 없었다.

콜로라도 덴버에서 하던 세탁소가 고등학교 가까이에 있어 등하교 시간이면 배낭을 메고 걸어가는 아이들을 항상 볼 수 있었다. 그 아이들을 볼 때도 비슷한 느낌이 들었는데 이 경우에는 느낌의 이유가 보다 드러남을 알 수 있었다. 나도 그 시절을 지나왔지만 앞으로 가야 할 길은 멀고 힘이 들며, 결코 쉽고 순탄하지만은 않다는 생각이 들었던 것이다.

오래전 맹자의 '측은지심'에 대하여 배우고 알게 되었다. 아무것도 모르는 어린아이가 우물 쪽으로 기어가고 있으면 어떤 사람이라도 그 아이가 우물에 빠지지 않도록 달려가 구할 것이라고 하는 마음으로 사람이라면 누구라도 가지고 있는 본연의 마음을 말한다.

  우리 본연의 마음은 누구랄 것도 없이 이웃에 대하여 측은한 마음을 가지고 자비롭게 대하는 것이다. 그런데 이 본연의 마음은 나에 대한 생각이 앞설 때 구름이 해를 가려 어두워지듯 가려지는 것이다. 따라서 항상 자기 마음을 들여다보면서 본연의 마음이 가려져 삿된 마음을 가지지 않도록 해야 할 것이다.

9. 영어 선생님

고등학교 때 영어 선생님이 계셨다. 키가 크고 하얀 얼굴에 광대뼈가 나와 윤곽이 뚜렷한 인상이었다. 표정은 항상 근엄하고 농담은 전혀 할 줄 모르는 그런 분이었다. 짧은 영어 문장을 외는 것이 가장 좋은 영어 공부 방법이라며 매번 외울 영어 문장을 여러 개씩 칠판에 적어주고는 하셨다. 한번은 수업시간에 장난치다가 걸려서 그 선생님께 따귀를 맞은 적도 있다.

3학년 때 대학입시를 모두 치르고 입학할 대학이 모두 결정되어 졸업만 기다리고 있을 때도 융통성 없이 빡빡하게 수업을 계속하던 분이었다. 마지막 수업시간이 되었을 때 선생님께서 오늘은 좀 다른 얘기를 해야겠다며 이야기를 시작하셨다.

선생님은 외국어대학을 나오셨는데 대학에서 ROTC 훈련을 받았다고 했다. 어느 날 밤 훈련 중 총을 겨누고 땅바닥에 엎

드려 있었는데 총구가 향하는 방향으로 별 하나가 반짝이는 것을 발견했다고 한다. 한참을 주시하다가 알게 된 사실은 그것이 별이 아니고 지상 어딘가에서 비친 불빛이었다는 것이다. 그때 불빛을 별로 보아 의심치 않고 있던 자신의 마음에 대한 일별이 있었고 이후 한동안 상대성에 대해 생각을 하게 되었다고 했다. 내가 지금 지구 위에 서서는 위쪽이 하늘이라고 알고 있는데, 지구의 반대쪽에 서 있는 사람들은 내 아래쪽을 위쪽이라고 할 것이라는데 생각이 미치게 되었다고 한다. 아! 우리가 확실하게 믿고 있는 것들이 사실은 절대적인 것이 아니고 상대적인 것이구나 하는 생각을 하게 되었다고 한다.

이후 한동안 그런 생각을 하며 지내다가는 어느 절을 찾아 스님께 그런 말씀을 드리자 그 스님은 선생님 손을 잡으며 "허 선생, 입산하시오!" 하고 외쳤다고 한다. 그때 입산하지는 못하였지만, 항상 그때의 그 생각과 마음을 가지고 살아가고 있다고 하며 선생님께서는 말씀을 마치셨다.

그때 선생님께서 하신 말씀들은 평소와는 다른 뜻밖의 것이라 무척 인상적이었고 두고두고 잊히지 않고 머릿속에 남아 지금도 가끔 생각난다.

10. 영혼의 절규

　고교 시절 살던 집은 당시의 모든 집처럼 연탄을 때서 난방을 하였는데, 부엌에서 마루 밑의 반지하실로 내려가면 거기에 연탄을 때는 아궁이가 있었다. 돌이켜 보면 결혼해서 집에서 나오기 전까지 나는 연탄 한번을 갈아 본 일이 없었다. 밤이건 낮이건 어머니가 그 일을 도맡아 하셨는데 우리는 한번도 연탄불이 꺼져 추위에 떨어본 일이 없으니 새삼 어머니의 노고에 감사드리고 고마움을 느낀다.

　새벽이면 어머니께서 깨워야 마지못해 일어나 부랴부랴 준비하고는 별을 보며 집을 나서는데, 가방에는 책과 공책은 말할 것도 없고 각종 참고서며, 점심 저녁 도시락 두 개에다 체육 시간이면 운동복, 교련 시간이면 교련복, 미술 시간이면 미술도구들로 더는 집어넣을 수 없을 만큼 가득했다.

　한 시간 정도 만원 버스에 시달리고는 학교 인근의 버스 정류장에 내리면 그 무거운 가방을 들고 한참을 걸어서야 교실에 들어설 수가 있었다. 방과 후에는 저녁 도시락을 먹고 학교 도서관에서 공부하다가 다시금 별을 보면서 집에 들어서는 것이 일상이었다.

어느 날 무슨 일이었는지는 기억이 나지 않는데 마루 밑의 아궁이가 있는 컴컴한 지하실에 나는 혼자 서 있었고 나도 모르게 이렇게 외치고 있었다. "이건 아닌데! 이건 아닌데!"

그 일은 이상하게도 잊히지 않고 생생하게 기억에 남아 지금까지도 뇌리를 떠나지 않는다. 지금 돌이켜 보면 그것은 아마도 내 영혼의 절규가 아니었을까 하는 생각이 든다. 그 당시 나는 하루하루의 일과에 허덕이면서, 나에게 주어진 소명이나 삶의 의미를 찾는 등 진정으로 내가 하지 않으면 안 되게끔 되어 있는 일들에서 너무도 먼 곳을 헤매고 있었다. 내 영혼은 그런 나를 탄식하며 "너 지금 어디에서 무엇을 하고 있느냐?" 하고 경종을 울려준 것이 아닐까 한다.

11. 두 갈래 길

가지 않은 길

숲속에 길이 두 갈래로 났었습니다.
나는 두 길을 다 가지 못하는 것을 안타깝게 생각하면서,
오랫동안 서서 한 길이 굽어 꺾여 내려간 데까지,
바라다볼 수 있는 데까지 멀리 바라다보았습니다.
그리고, 똑같이 아름다운 다른 길을 택했습니다.
그 길에는 풀이 더 있고 사람이 걸은 자취가 적어,
아마 더 걸어야 될 길이라고 나는 생각했었던 게지요.
그 길을 걸으므로, 그 길도 거의 같아질 것이지만.
그 날 아침 두 길에는
낙엽을 밟은 자취는 없었습니다.
아, 나는 다음 날을 위하여 한 길은 남겨 두었습니다.

길은 길에 연하여 끝없으므로
내가 다시 돌아올 것을 의심하면서….
훗날에 훗날에 나는 어디선가
한숨을 쉬며 이야기할 것입니다.
숲속에 두 갈래 길이 있었다고,
나는 사람이 적게 간 길을 택하였다고,
그리고 그것 때문에 모든 것이 달라졌다고.

고등학교 국어책에 있던 로버트 프로스트의 〈가지 않은 길〉 시다. 당시에는 시에 대하여 별다른 취미가 없었던 때라 무언지 모를 어떤 느낌은 있었지만 별다른 생각 없이 지나쳤었다. 지금에 와서 생각해 보니 우리의 삶이란 모든 것이 선택 그 자체라는 생각이 든다. 하나부터 열까지 모든 것이 그러하다.

얼핏 보면 여러 가지의 선택이 있는 것처럼 보이지만, 자세히 살펴보면 오직 둘 중의 하나의 선택이라는 것을 알 수 있다.

오래전 컴퓨터를 처음 배울 때 컴퓨터의 작동 원리는 0 혹은 1의 선택이라는 말을 들었다. 요즈음은 그 기술이 상상할 수 없을 만큼 발전하였을 터이지만 그 원리는 변하지 않았을 것이다. 의학적으로 알고 하는 말은 아니지만, 컴퓨터의 원리는 사람의 뇌가 작동하는 원리와 다름이 없을 것으로 보인다. 우리가 머릿속에서 여러 가지 복잡한 생각을 하고 복잡한 결정을 하지만, 우리가 CT 스캔하듯 결정 과정을 들여다보면 둘 중의 하나를 선택하는 것의 연속이라고 할 수 있을 것이다.

우리의 결정 과정은 마치 고성능 컴퓨터의 배치 시스템이 작동하듯이 찰나에 이루어진다. 아마도 아주 어린 시절에는 그 배치 시스템이 구축되어 있지 않았을 것이다.

살아가면서 우리는 이런저런 습관들을 가지게 되는데 그 습관들을 달리 말하면 이러한 결정 과정에서의 배치 시스템이 형성된 것이라고 할 수 있겠다.

우리는 어떤 결정을 할 때 알게 모르게 가장 먼저 고려하는 것은 그 결정이 나에게 이로울 것인가 하는 것이다. 따라서 대부분 사람은 남에게는 해가 되더라도 자기도 모르게 자기에게 유리한 결정을 하게 되며 그것이 습관화된다. 그런데 사실은 어떤 사람이 자신에게 유리하다고 생각하는 것이 진실로 그러한지 당장 알 수는 없는 일이다.

따라서 우리는 살아가면서 어떤 일을 할 때든지 항상 자기 마음을 들여다보면서 내가 어떤 마음으로 어떤 결정을 하고 있는지를 실시간으로 살펴야 한다. 이 상태를 깨어 있다 하는 것이며 훈련으로 그것이 가능하다. 훌륭한 야구 선수는 타석에서 투수가 던지는 공 중에서 치기 좋은 공을 선택한다. 공이 날아오는 같은 시간 동안 그는 보통 사람보다 공의 선택을 위해서 상대적으로 더 많은 시간과 능력을 갖추게 된다. 부단한 훈련이 그것을 가능토록 하는 것이다.

구약성경 신명기 30장 19절에 이런 구절이 있다 . "나는 오늘 하늘과 땅을 증인으로 세우고, 생명과 죽음, 축복과 저주를 너희 앞에 내놓았다. 너희와 너희 후손이 살려면 생명을 선택해야 한다." 이것은 우리가 살아가면서 항상 깨어서 순간순간 하게 되는 0과 1의 선택을 바르게 하도록 일깨우는 말씀이다.

12. 요통의 체험

　대학을 다니다가 3학년을 마치고 군대에 갔다. 논산 훈련소에서 하사관으로 차출되어 전북 여산에 있는 하사관학교에서 6개월 동안 훈련을 받았다. 입대한 것이 1월이었는데 그해는 겨울이 유난히 추워서 영하 20도까지 떨어지는 것이 다반사였다.

　훈련은 대부분 야외에서 했는데 그 추운 연병장에서 온종일 지내야 하는 적이 많았다. 땅바닥에 앉아서 교육을 받다가 바로 실습을 하고는 했는데 한번은 앉아 있던 중 갑자기 허리가 뻑 하면서 몸을 움직일 수도 없는 상태가 되었다. 뻑 하는 그 짧은 순간에 느꼈던 것을 말하고자 하는 것인데 몸이 가운데서 두 동강이 난 느낌을 받았다. 같은 느낌은 군대 제대 후에도 한두 번 더 경험한 적이 있었다.

고등학교 시절 높이뛰기 학교 대표로 선발되어 연습했었는데 연습하다가 허리를 다쳐 잠시 아팠던 적이 있었다. 한창때라 바로 회복되어 한동안 잊고 지냈는데 추운 땅바닥에 같은 자세로 오랫동안 앉아 있었던 탓에 재발이 되었던 것 같았다.

몸이 두 동강이 난 느낌은 너무도 이상한 것이었는데 누구에게 얘기하더라도 직접 경험해 보지 못한 사람에게는 말도 되지 않는 황당한 착각일 뿐일 것이다. 또한, 허리의 통증을 느껴보았다는 사람들에게 그런 경험을 해 본 적이 있는지 물어보아도 그 느낌을 느껴보았다는 사람은 아무도 없었다. 오랫동안 그 느낌의 의미를 알아보고자 노력했는데 최근 들어서야 나름의 정리를 할 수 있게 되었다.

과학적으로 모든 물체는 미립자로 이루어져 있다. 미립자 중 원자를 들어 말하자면 원자는 원자핵을 중심으로 해서 바깥에 있는 전자로 이루어져 있다고 한다. 그런데 원자핵과 전자의 크기와 거리를 이해하기 쉽게 말해 보면, 원자핵이 시청 앞 광장에 놓여 있는 축구공 크기라고 하면 전자는 수원쯤에 떠도는 먼지 한 알 정도라고 한다. 즉 원자의 내부는 텅 빈 곳이라는 것이다.

우리는 모든 물질은 내부가 꽉 차 있다고 알고 있으나 사실은 바로 앞에서 원자를 들어 말한 그것처럼 허공이라고 하는 것이 오히려 바르다고 할 수 있다. 몸도 마찬가지다. 우리는 자신의 몸을 보고 만지고 느낄 수 있으니 몸이 실체라고 생각하고 몸이 나라고 여긴다. 하지만 그것은 생각일 뿐이다.

갑자기 허리 통증이 왔을 때는 너무 갑작스럽고 놀라운 나머지 짧은 순간 내 몸이 나라는 평소의 생각이 사라져 버린 것이다. 바로 그 짧은 순간 공한 내 몸의 실상을 바로 보게 되면서 몸이 가운데서 끊어진 것 같은 느낌을 받은 것으로 여겨진다.

제2장
직장 시절

1. 초월명상

　중견 행원 시절 남대문지점에 근무할 때의 일이다. 행원 세 명과 여직원 한 명이 과장님 밑에서 대부 업무를 맡아 하고 있었는데 오후 5시경 한참 결재받을 일이 많은 시간이면 과장님이 보이질 않아 난처한 경우가 많이 있었다. 고참 행원의 이야기로는 과장님은 숙직실에서 문 잠그고 앉아서 붕붕 뜨고 있을 것이라고 했다. 그냥 농담으로 치부해 버렸지만 '별 소리를 다 하는구나'라고 생각했다.

　그런데 어쩌다 함께 회식 같은 것을 하게 되면 과장님이 하는 얘기를 잘 알아듣지는 못하겠지만 묘하게 관심이 끌리고는 했다. 휘하의 직원들이 과장님 집에 저녁 초대를 받아 간 적이 있었는데 벽에 걸린 사진에서 보디빌더의 모습을 한 과장님 사진을 보고는 놀란 일이 있다. 은행에서 양복 차림의 과장님은 왜소한 체격에 항상 얌전한 모습이었던지라 그러했다. 과장님은 젊어서 차력을 연마했는데 당시에는 혼자서 트

력 한 대를 끌 수 있었다고 했다. 과장님은 그때 초월명상이라는 것을 하고 있었고 은행에서 셔터가 내려진 시간이면 숙직실에서 명상하는 것이라고 했다.

그런 일이 있었던 한참 후 잠실지점으로 근무지가 변경되었다. 영어 공부를 하기 위해 책을 사러 당시 명동 중국대사관 앞 중고 영어책을 파는 서점을 들렀는데 『Transcendental Meditation』이라는 책 제목이 눈에 띄었다. 그래서 그 책을 사다가 읽었는데, 앞부분에서 초월명상에 대한 소개가 있었고 뒷부분에서 명상의 효능에 대하여 설명을 하는데 삶의 모든 영역에 걸쳐 대단히 긍정적인 효과가 있다는 것이었다. 그렇게 좋은 것이라면 반드시 해야 하는 것 아닌가 하는 생각이 들었고 과장님에게 연락하여 어디에 가야 배울 수 있는지를 알아냈다.

종로구 부암동에 초월명상 센터가 있었는데 일이 끝나면 저녁을 먹을 새도 없이 달려갔다. 몇 명이 함께 배웠는데 만트라는 선생님이 개별적으로 알려 주었다. 초월명상은 매일 20분 정도 만트라를 의식 속에 떠올리는 자연스러운 작업이었다. 주어지는 만트라는 단음절의 소리인데 그 소리가 명상 중에 점차로 희미해지다가 종래에는 소멸하여 순수의식만이 남는 것이라고 했다.

천에 물감을 들이듯 지속해서 그 의식에 잠기다 보면 일상의 삶 속에서 일상의 의식보다 순수의식이 더 작용하게 되어 모든 삶에 영향을 준다고 하는 것이다.

센터 벽에는 명상 수행자가 공중 부양을 한 사진이 붙어 있었는데 나는 그것을 보고는 만약에 저것이 가능한 것이라면 누구라도 초월명상을 해 봐야 하는 것이 아닌가 하는 생각을 했다. 보는 사람에 따라 다르겠지만 아마도 대부분 사람은 그것은 당연히 조작이라고 여겼을 것이다.

일주일 동안을 저녁 시간에 센터에 가서 배웠고 이후로는 일이 끝나면 저녁 시간에 집에서 20분씩 명상을 계속했다. 명상을 배우러 다닐 때나 이후에 집에서 명상할 때나 집사람으로부터 말할 수 없는 핍박을 받았다. 두 살 정도 된 아들이 하나 있었는데 집사람은 내가 집에 오면 아이를 돌봐주고, 적어도 저녁을 차리면 바로 와서 먹기를 바랐다. 그러나 남편은 방에 들어가 문을 잠그고는 나오질 않으니 그 상황은 참을 수 없었을 것이다. 더군다나 그즈음 TV 프로그램〈그것이 알고 싶다〉에서 초월명상에 대해 사이비 종교처럼 취급하여 사회적으로 상당한 물의를 일으키고 있었다.

그런 가운데에서도 수년 동안을 우직하게 명상을 이어갔고 나도 모르는 사이에 명상의 효과가 나타나기 시작했다.

2. 명상을 통한 변화

한 2년쯤 명상을 지속했을 때 나 자신이 전과는 좀 다르게 변화되었다는 것을 알게 되었다. 그 변화는 여러 면에서 나타났는데 우선 감각 기능에서부터 감지할 수 있었다.

어느 날 출근길에 통근버스를 타기 위해 아파트 앞의 인도를 걷고 있었는데, 바닥에 깔린 보도블록 사이에 숨어 있는 조그마한 잡풀이 눈에 들어왔다. 오랫동안 서울에 살며 보도블록을 밟고 걸어 다녔지만 그런 것이 눈에 띄었던 적은 한 번도 없었다. 더군다나 눈에 들어온 그 작은 풀이 얼마나 예뻤는지 그 자리에 앉아서 한참을 들여다보았다. 언제부터인지 나에게는 그동안 보지 못했던 아름다움을 보는 능력이 생겨 난 것이었다.

직장 생활을 시작해 서울 한복판으로 출퇴근을 하면서부터는 회색의 고층 건물 사이를 오가며 한 번도 하늘을 쳐다볼 겨를이 없었다. 언제부터인가 직장 사무실에서 밖으로 나오기만 하면 하늘을 쳐다보면서 건물에 가려지지 않은 온전한 파란 하늘과 구름을 너무도 그리워하게 되었다.

주말이면 가끔 집사람과 함께 인근의 들녘을 걷고는 하였는데 그때마다 햇볕의 따스함이 전에 없이 감미롭게 느껴졌다. 또한, 어쩌다 산을 오를라치면 전에는 들리지도 않던 소리가 들려 오기 시작했다. 나뭇가지를 스치는 바람 소리부터 시작하여 새 소리, 벌레 소리, 사람들의 말소리, 개울물 소리 등 온갖 소리가 들려 오기 시작했는데 그저 가볍고 상쾌하기만 했다.

입맛에도 변화가 있었다. 대학교 1학년 때 과 대항 축구시합을 했는데, 한참 뛰고 나서 목마를 때 마시는 코카콜라는 천국을 맛보게 했다. 훗날 냉장고에 콜라만 가득 들어 있으면 행복할 거라 여겼다. 그런데 어찌 된 일인지 콜라를 위시한 탄산음료들이 더는 입에 끌리지를 않았다. 그저 끌리는 것은 천연 그대로의 물뿐인데 물이라고 다 같은 물은 아니었다.

직장 동료나 고객, 아니면 친구들과 대화를 하다 보면, 말소리로 전달되는 말보다는 밖으로 표출되지 않은 그 사람의 마음에 저절로 더 눈이 가게 되었다. 명상을 통해서 더욱 내면적인 사람으로 변해가고 있다는 것을 알 수 있었다. 얼마 전까지만 해도 평범한 직장인으로서 경쟁에서 이기고 승진하는 것이 삶의 목표이었는데 그 목표는 물론이고, 그 이전에 가지고 있던 대부분의 가치 기준이 서서히 변하기 시작했다.

　모든 관심이 보이는 것보다는 보이지 않는 쪽으로 기울었다. 따라서 전에는 전혀 관심이 없던 영적인 것에 모든 관심이 쏠렸고 닥치는 대로 그 방면의 책을 읽기 시작했다. 낮에는 직장 일을 해야 했으므로 그야말로 주경야독의 생활을 할 수밖에는 없었다.

　시간만 나면 관심 가는 책을 읽으며 명상을 지속했다. 인위적인 모든 것들에서 자연적으로 멀어졌고 나에게는 전인적인 변화가 일어나고 있었다. 이런 말을 하면 무슨 대단한 체험이나 극적인 변화를 생각하겠지만 그러한 것은 아니고 일상의 생각과 말과 행위에서 사사로운 변화를 말하는 것이다. 명상을 배울 때 들은 이야기는, 명상을 지속해서 하는 것은 마치 하얀 천을 다른 색으로 염색하는 것과 같다고 하였다. 염색할 때는 천을 물감에 담갔다가 꺼내서 말리기를 여러 차례 반복해야만 염색된 색깔이 빠지지 않게 된다고 한다. 그 말이 사실이라는 것은 나 자신이 경험을 통해서 확인할 수 있었다.

명상할 때는 명상이 제대로 되었는지 어떤지 잘 몰랐지만, 세월이 흐르면서 일어나는 자신의 변화를 보면서 자신도 모르는 가운데에서도 천에 염색물이 들듯이 점점 더 색이 들어감을 알 수 있었다. 명상하는 것은 마치 우리가 라디오를 켜 특정한 방송에 주파수를 맞추려는 것과 같다.

전파의 상태가 좋지 않으면 라디오는 지지직 소리를 내는데 그것은 방송국에서 송출된 전파와 확실하게 연결이 되지를 않고 연결이 되었다 끊어졌다 하는 상태에 있는 것이다. 그러나 그러한 상태이더라도 아주 연결이 없는 것은 아니니 소음이 발생하는 것이다. 명상도 이와 같아 제대로 되는지 안 되는지도 모르는 중의 아주 짧은 순간만으로도 효과가 분명하게 있음을 알 수 있다.

세월이 지나면서 일상의 모든 일을, 앉아서 명상하는 것과 유사한 상태에서 하고 있음을 알 수 있었다. 말할 때는 머릿속에서 할 말들을 생각해서 말하기보다 떠오르는 말이 자연스럽게 나오도록 하고, 남의 말을 들을 때에는 머릿속에서 다시 한번 헤아려 듣기보다 있는 그대로 받아들이도록 하는 것이었다. 물론 모든 일이 완벽하게 그렇다는 말은 아니고, 어느 만큼 그것이 가능하다면 궁극적으로는 모든 일에서 가능하다는 확신을 가질 수 있게 되었다.

3. 책 읽기

　영에 관련한 것이면 밤잠을 줄여 가며 닥치는 대로 읽어 갔다. 당시 은행 지점의 영업장에는 고객을 위한 선데이 서울 같은 주간지가 비치되어 있었는데 선정적인 내용이 대부분이었다. 간혹 귀신에 대한 실화 이야깃거리 같은 것도 있었는데 심지어 그것까지도 빠짐없이 읽고는 했다.
　본점 도서실에는 적지 않은 책들이 있어 많이 이용했고 교보문고나 종로서점 같은 대형서점에서 책을 사 읽었다. 당시 공교롭게도 『단』이라는 소설이 출간되어 베스트셀러가 되었다. 지금이야 단전호흡하면 모르는 사람이 없겠지만 아마도 그 소설이 최초로 단전호흡을 대중에게 널리 알리는 계기가 되었을 것이다. 나도 그 소설을 읽고 나서 이후에 단전호흡을 배우겠다고 수련원을 찾게 되었다.
　그 당시가 우리나라에서 영적 도서들이 막 대중적으로 발간되기 시작하는 시기였는데 대형서점을 가면 관련 서적들이 이미 넘쳐나고 있었다. 당시 알려지기 시작하며 대중적으로 읽히기 시작하던 책들은 라즈니쉬, 크리슈나무르티 같은 인도 출신 영적 스승들의 책이었다. 서구에서는 이미 대중들 사이에도 영적인 바람이 불어 유명한 책들이었다. 라즈니쉬의 책을 구할 수 있는 대로 구해 읽었다. 은행에는 라즈니쉬 책을 읽고 나서 라즈니쉬에게 직접 가르침을 받으러 가기 위한 비용을 마련하기 위해 입사했다고 하는 동료도 있었다.

 닥치는 대로 책을 구해 읽었는데 인도의 성자들에 관한 책으로부터 유불선은 물론 심령과학책까지 섭렵했다. 심령과학에서는 믿거나 말거나 한 지구동공설이 지금까지도 유일하게 기억에 있다.

 그런데 서점에 들러 책을 고르려 할 때마다 알 수 없는 두려움에 사로잡혔다. 아는 분들은 아시겠지만 어떠한 영적인 추구에도 항상 위험이 도사리고 있다. 왜냐하면, 수많은 영이 있지만 영들 가운데에는 좋지 않은 영들이 많기 때문이다. 책을 읽을 때도 책을 쓴 사람에게서 영향을 받게 마련인데 책을 쓴 사람이 누구이건 간에 영의 영향 아래에 있기 때문이다.

 이것을 영이라고 말했지만, 굳이 그런 표현을 쓸 필요까지도 없을 것이다. 쉽게 그저 사상, 기질, 취향 등으로 말할 수 있겠고 양자는 전적으로 같은 것이라고 받아들이면 된다. 그런데 영이라 하지 않고 사상 등의 표현을 쓸 때 두려울 것까지는 없는데 당시 나에게는 엄청난 두려움이 있었다.

　지금 이 글을 쓰면서 든 생각인데 아마도 그때 생전 처음으로 기도 같은 것을 하게 되었던 것 같다. 내가 이 책을 선택하는 것이 나에게 바르고 안전한 선택이기를 바라는 염이 그것이었다. 그 염과 함께 실질적인 노력도 기울였다. 책을 선택할 때 막연하게나마 나름의 기준을 두었다. 책 표지의 색상이나 활자의 모양과 크기 그리고 전체적인 구도에서 거슬리는 것이 없어야 한다. 인쇄된 책의 활자가 편안해야 하고 페이지에서 글과 공백의 배분이 적절해야 한다. 그림이 있다면 난삽하지 않은 것이어야 한다. 대충 이런 것인데 뚜렷한 기준을 만든 것은 아니고, 그저 막연하게 의식에 걸려 있던 것일 뿐이었다.
　이러한 기도 아닌 기도는 노년에 이른 지금 돌이켜보면 아주 잘 받아들여졌다고 여겨져 감사한 마음이 저절로 든다.

4. U.F.O.

남대문지점 대부계 행원 시절 두 명의 동료와 같이 근무했는데 한 명은 고대 출신 P이고 또 한 명은 연대 출신 L이었다. P에게는 대학교 시절 친구가 있는데 별명이 '4차원'이라고 했으며, 대학 졸업 후에도 취직은 하지 않고 도 닦는다고 이 산 저 산으로 전전하고 있다고 했다. 또한, UFO에 대하여 많이 알고 있어 그에게서 아주 많이 신기하고 재미있는 얘기를 들을 수 있다고 했다.

어느 날 L이 바람을 잡아 일이 끝나면 그 친구를 불러서 저녁을 같이 먹자고 했다. 의기투합하여 P가 친구한테 연락했고 여행원을 포함한 5명이 인근 경양식집에서 그 친구를 기다렸다. 시간이 되어 그가 007 백을 들고 나타났고 열어젖힌 백 속에는 책이 가득했는데 몇 권을 차례로 꺼내서는 열심히 설명하기 시작했다.

처음 꺼내든 한 권의 큰 책은 온통 UFO 사진으로 가득한 화보였다. UFO는 세계 전역에서 수없이 목격되는데, 특별히 중요한 지형지물이 있는 곳에 자주 나타난다고 하였다. 그들이 나타나는 것은 지구인과 싸워 멸망시키려는 것이 아니라, 지구인들이 잘못된 길을 감으로써 멸망의 길로 향하고 있기에 도와주고 일깨워 주려는 것이라고 했다.

다음에 그가 집어 든 책은 『Von Daniken's Proof』라는 것이었는데, 표지인지 첫 장인지에는 굽이 있는 구두 발자국 사진이 있었다. 사진을 잘 들여다보면 발자국 아래에는 삼엽충같이 생긴 것이 보였다. 그가 말하기를 그 사진은 구두 신은 인간에게 밟혀 죽은 삼엽충이 화석이 되어 찍힌 것이라고 했다. 따라서 책의 저자는 삼엽충 시대에 이미 현재와 같은 문명이 존재했다는 주장을 하고 있으며, 여러 가지 증거로 자신의 주장을 뒷받침하고 있다는 것이다.

아무튼, 처음 듣는 얘기였고 믿기 어려운 것들이었지만 재미있게 호기심을 가지고 들었다. 그리고는 잊고 지냈는데 몇 년이 지난 후에 중고서점에서 그 책들을 사다가 열심히 읽고 있는 나 자신을 발견할 수 있었다. 밤이면 캄캄한 밤하늘을 올려다보는 것이 일이었는데 UFO를 직접 보기 위함이었다.

몇 년 동안을 밤이면 하늘을 쳐다보고 다녔고, 나중에 〈ET〉 영화에서 UFO를 보았지만 실제로는 지금까지 한 번도 본 적은 없다.

오랜 세월이 흐른 후 외계인과 UFO에 대해서는 나름의 정의를 내리게 되었다. 외계인은 4차원 이상 고차원의 영적 존재로 엄청나게 발달한 과학 수준을 가지고 있다. 그들은 우리가 영적이라고 하는 것들에 대해서조차 빠짐없이 과학적인 이해를 하고 있으며, UFO는 그들이 과학적으로 만든 비행체이다. 그 속도는 빛의 속도보다 빠르므로 우리의 눈에 보이다가도 순간에 사라져 버리는 것이다. 그들은 우리가 말하는 과학이라는 것을 이용하여 순간이동조차 가능하도록 하였다. 결론을 말하자면, 그들은 유무를 넘어서는 영적인 존재이다.

5. 단전호흡

지금은 세계 곳곳에 도장이 있는 단학선원의 첫 번째 도장이 1985년 강남 신사동에 세워졌다. 바로 등록을 하고 수련을 시작하였다. 그런데 어찌 된 일인지 나는 한 달 정도를 해도 기감을 느끼지 못하고, 수련에 진전이 없어 수련을 중단해 버렸다.

한참을 쉬다가 단전호흡에 다시 한번 도전해 보기로 하였다. 이번에 찾아간 곳은 단학회 연정원이었다. 단 소설의 실제 주인공인 봉우 권태훈 옹에 의해 설립된 단체인데 제자들에게 전수되어 운영되고 있었다. 이론과 방법을 일주일 동안 인가 배우고는 집에서 수련하는데, 이번에도 전혀 진척되질 않아 도중에 그만두었다. 아마도 두 번의 실패는 내 욕심 때문이었던 것 같다. 조급하게 무엇인가를 얻고 체험하려는 욕심이 걸림돌이 되었던 것 같다.

그러나 나름대로 얻은 것은 있었으니 단전호흡이 무엇인지 이해를 하게 된 것이다. 앞서 초월명상을 할 때는 주의를 온통 만트라에 두는 것이지만 단전호흡에서는 주의를 호흡과 단전에 두는 것이었다. 또한, 정말 중요한 한 가지는 과정이 자연스러워야 한다는 것인데, 초월명상에서 강조하는 자연스러움의 중요성을 단학 연정원에서 확인할 수 있었던 것은 말할 수 없이 큰 수확이었다.

이 자연스러움이야말로 내 모든 구도의 길에 있어서의 기준이 되었다. 모든 완전함의 근간은 자연스러움이며, 진선미란 자연스러움의 표출이라고 믿는다. 모든 것의 진위는 자연스러운가 아닌가의 기준으로 보면 그대로 드러난다.

미국에서 세탁소를 할 때 손님 중에 단학신원에서 수련 중인 나이 지긋한 손님이 있었다. 미국 여자였는데 동네에 있는 센터에서 수련하고 있다는데 상당히 열심인 것 같았다. 어느 날 이 여자가 단학선원 창시자인 이승헌 씨가 쓴 책을 읽어보라고 가져왔다. 『Call from Sedona』라는 제목의 책이었는데 굉장한 책이라며 칭찬해 마지않았다. 자신의 깨달음 과정과 그에 따른 체험, 그 이후의 엄청난 신비체험을 기술한 것이었다. 그때 책을 읽으면서 가졌던 느낌은 신비롭다는 것이었다. 너무나 신비해서 보통 사람들이라면 앞에 말한 손님처럼 대단한 칭송을 하지 않을 수 없을 듯했다.

단전호흡을 통하여 깨달음을 얻을 수 있다. 그러나 꼭 그 길 만을 통해야 하는 것은 아니다. 깨달음이란 어떤 대단한 신비체험이 전혀 아니고, 그저 지극히 자연스러운 평범 그 자체라고 확신한다. 자연스러움만이 해답이라는 것을 믿어 의심치 않는다.

6. 도를 아십니까?

은행 본점에 근무할 당시 출퇴근할 때는 을지로입구역에서 지하철 2호선을 이용했다. 주말에 한가로이 지하도를 걸어갈 때면 "도에 관심 있으세요?" 하고 묻는 젊은이들이 가끔 있었는데 보통 아무 대꾸를 하지 않거나 손사래를 치고 지나가곤 했다. 토요일 어느 날, 여유롭게 을지로 3가까지 걸어가기로 했다. 토요일이면 공연히 마음이 가벼워져 바쁜 주중과는 다르게 행동하고 싶었다.

한창 걷고 있을 때 한 청년이 다가와 예의 그 질문을 하는 것이었다. 아무 말 없이 지나다가 갑자기 돌아섰다. 그를 지나치는 순간 "아! 지금 도를 깨칠 수 있는 절체절명의 이 기회를 그냥 놓쳐 버리는 것이 아닌가?" 하는 생각이 머리를 스쳤다. "예 도에 관심이 있습니다" 하고 대답했더니 따라오라 하고는 지하도를 따라 앞서 걷기 시작했다. 놓칠세라 부리나케 따라갔더니 을지로6가 역을 빠져나가 장충체육관 근처의

한 주택으로 나를 데리고 갔다.

　방에는 상이 하나 놓여 있었는데 그 앞에 나를 앉으라 했다. 윗사람이 들어와 상 맞은편에 자리를 잡으니 그 젊은이는 뒷걸음질을 쳐 방에서 물러갔다. 마치 텔레비전 사극에서 신하가 어전에서 물러가는 모양새였다.

　내 앞에 앉은 이도 나이가 그리 많지 않은 젊은 사람이었다. 무슨 이야기를 했는지 기억에는 별도로 남아있지 않은데, 종이에다 글을 써가며 그럴싸한 말을 많이 했다. 예로부터 통상 써 오던 말에다 의미를 부여해 가며 사람을 혹하게 만드는 것 같았다. 예를 들면 "기가 막히다"란 말을 들어 기가 막히면 죽는다든지 하는 식이었다. 또 조상이 나무의 뿌리와 같아 조상을 잘 모셔야 한다는 등의 말도 했던 것 같다.

　그러는 동안 그 젊은이는 여러 번 걸려오는 전화를 받고는 했는데, 들어보니 이곳저곳에서 '도'로 사람을 낚고 있는 활동에 대한 상황 보고임을 알 수 있었다. 한참 일방적으로 이야기를 하고는 상대가 이야기에 빠져들었다 싶으니 본론으로 들어갔다. 조상을 위해 제사를 지내야 하는데 비용이 얼마가 든다고 하는 것이었다. 역시 기억에는 없지만 적지 않은 액수였다. '알았다고 생각해 보겠다' 하고 그 자리를 빠져나왔지만 참으로 많은 사람이 '도'를 미끼로 낚시에 걸려 패가망신하겠구나 하는 생각이 들었다. 내 이종사촌 동생도 그중의 한 명이다. 한때 수녀원에 입회하여 그 길을 가고 있었는데 어찌어찌하여 그 낚싯밥에 걸려 중도 하차하고 말았고 그 귀한 젊은 시절을 허비하였다. 세상에는 참으로 위험하기 그지없는 일들이 마치 땅속에 묻힌 지뢰처럼 널려있는 것 같다.

7. 눈 오는 밤

　삼일로지점에서 대리로 근무하던 어느 겨울밤 퇴근하는데 눈이 펄펄 날렸다. 갑자기 고등학교 시절 영어 시간에 선생님이 근사한 영어 발음으로 읽어 주시던 시 속의 한 광경이 머리를 때렸다. '눈 오는 밤 숲속에 말을 멈추고'라는 로버트 프로스트의 시였다. 십 년이 훨씬 지난 일이고 그동안 한 번도 생각해 보지 않았던 것이 왜 갑자기 떠올랐는지 모르겠다.
　책방으로 가서 그 시집을 찾기 시작했는데 큰 서점이 아니어서였는지 찾지를 못했다. 그때 서가에 꽂혀 내 눈에 들어온 것이 『잎새에 이는 바람에도 나는 괴로워했다』라는 윤동주 시인의 시집이었다. 얼마나 마음이 순수하고 깨끗하였으면 나뭇잎의 그 미세한 움직임이 시인의 마음을 움직였을까 하는 생각과 함께 시인의 마음이 내 마음에 와닿았다. 시집을 구해 읽으며 시인과의 친교를 더해 갔다.
　그때까지 국어책에 수록된 시들은 학습 차원에서 접하였고 따로 시를 읽거나 시에 관심을 가진 적은 한 번도 없었는데, 그 날 이후로 시에 대하여는 남다른 관심을 두게 되었다.

 그로부터 한 30년이 훨씬 지나서 생전 처음으로 직접 시를 쓸 기회가 있었다. 집사람은 어려서부터 시를 좋아하고 습작도 하곤 했는데, 어떤 시인이 시에 대한 강좌를 한다고 참석하고자 하여 집사람을 위해 운전해 주다가 같이 강좌를 듣게 되었다. 한 시간쯤 강의하고는 하나씩 써보라고 했는데, 예전에 그 눈 내리던 밤이 머릿속에 떠오르듯 삼일로지점에서 같이 근무하던 은행 선배이자 동료인 한 사내가 머릿속에 떠올랐다.

 문리대 출신의 어울리지 않는 배경으로 은행에서 과상으로 근무하고 있었는데, 처음 만났을 때 깊숙이 함몰하여 이글거리던 눈과 큰 광대뼈 하며 마치 컥 더글러스처럼 쑥 들어간 턱이 무척이나 인상적이었다. 농담은 자주 했으나 말투는 항상 냉소적이었는데, 나중에 상당히 친해진 다음에야 실제로는 그가 무척 다정한 사람이라는 것을 알게 되었다. 또한, 그는 문리대 시절 산악반에서 대장으로 활동하며 암벽등반을 리드했던 산사나이였다는 것이다. 그의 눈이 야수처럼 번득이는 것은 그런 연유로 인하여 우리에 갇힌 맹수와 같은 좌절감이 가득하였기 때문이라고 여겨졌다. 사실상 은행 일이라는 것이 책상머리 일이라 매너리즘으로 정말 사람을 좌절시키는 면이 많았다. 그의 좌절과 내면의 분노가 또한 나의 내면이기도 했기에 그 상황을 돌이키니 그저 글로 표출하기만 하면 되었다. 그렇게 하여 나의 첫 시작이 이루어졌다.

 돌이켜 보니 밖으로 표출되기 전의 그 상황으로 깊이 들어가는 일은 명상이나 기도와도 아주 유사한 것이었다. 지금 이 글을 쓰고 있는 지금도 마찬가지인 것이, 어떤 상황으로 깊이 몰입하여 거기에 있는 무엇인가를 그냥 끄집어내면 실타래가 풀리듯 끌려 나온다는 것을 알 수 있다.

8. 직장 선배와 큰 스님

 은행 본점에 근무할 때 같은 부서에 근무한 적은 없었지만 알게 된 한 직장 상사가 있었다. 서울 법대를 나와서 은행에서는 꽤 일 잘하는 것으로 알려진 분이었는데 알고 보니 검도 고단자에다 시집까지 출간한 시인이었다.

 어느 날 그분하고 점심을 먹을 기회가 있어 이런저런 이야기를 들을 기회가 있었다. 대학 시절 의례 법대생들이 그러하듯 고시 공부를 하였는데, 방학이면 깊은 산 절 아랫마을에 숙식하며 집중적으로 공부를 하였다고 한다. 방을 얻으러 이집 저집 기웃거리는데 한 집에 들렀더니 그 집 할머니가 자기 얼굴을 한참을 들여다보더니, 자기 집에는 학생을 들이지 않는데 자네 같으면 받아 주겠다고 하여 그 집에 기거하게 되었다고 했다.

 알고 보니 그 할머니는 신심이 가득한 보살이었는데, 산 위에 있는 큰 절에 공양을 많이 바치는 분이었다고 한다. 이후로 틈만 나면 학생한테 불교를 설파하고는 스님이 되기를 권했는데, 그때마다 자기는 천주교 신자라고 하며 그 자리를 피했단다. 그러던 어느 날 할머니는 절의 큰 스님을 뵈러 가는데 아주 드문 기회이니 같이 가자고 하셔서, 호기심에 마지못한 듯 따라나서 큰 스님께 큰절을 드리고는 마주 앉았다고 했다. 할머니는 그간의 상황을 말씀드리며 이 학생에게 스님이 되라고 줄곧 권유하는데 천주교 신자라며 말을 듣지 않는다고 아뢰었다. 스님께서는 "천주교, 좋지!" 하시고는 이어 상좌 스님을 비롯하여 아래의 모든 스님을 불러들이셨다고 한다. 그리고는 "오늘은 평소에 하던 것과는 좀 다른 얘기를 할 테니 잘 들어라." 하시고는 설법을 시작하셨는데, "태초에 한 말씀"으로 시작하는 요한복음 1장과 불교의 "공" 사상을 넘나들며 말씀을 하시더란다.

직장 선배는 망치로 얻어맞은 것처럼 정신이 얼얼하였다고 했다. 스님께서는 말씀을 마치고 아랫사람들을 다 물리치신 후 선배와 둘만 남게 되자 질문을 하더란다. "노을 있제?", "예." 하고 대답했고, "노을 봤나?", "예." 하고 또 대답했단다. 이어 또다시 "노을이 있나?" 하고 물으셨을 때는 대답 대신 웃음이 터져 나왔다고 한다. 스님과 함께 한차례 웃고 나서는 말 없이 큰절을 드리고 방문을 나섰다고 했다. 스님께서 마지막으로 하신 말씀은 "기도 많이 하그래이!" 하는 말씀이었다고 했다. 이후로 그 말씀은 자기에게 화두가 되었으며, 출퇴근하는 지하철 안에서도 바지 주머니에 손을 넣고는 묵주를 돌리고 있다고 했다.

 직장 선배에게 스님의 질문을 받았을 때 왜 웃음이 터져 나왔는지를 물었다. 대답하기를, 마지막 질문을 듣는 순간 자신이 저 우주 위에서 지구를 내려다보는 느낌이었다고 했다. 노을이라고 하는 것은 그저 우리에게 그렇게 보일 뿐 실체가 없다는 것을 체험한 것이었다.

 그 이야기를 들었을 때 마냥 기뻤다. 왜 웃음이 나왔는지에 대한 대답을 들을 수 있어서 기뻤고, 오랫동안 책에서나 볼 수 있던 깨달은 분을 가까이 보기를 갈구하며 찾아보았지만 한 번도 접하지 못했던 터에 간접적이나마 접하고는 그런 분이 지금 이 세상에 함께 살아 계신다는 것을 안 그것만으로도 한없이 반갑고 기뻤다.

9. 신경증

   80년대를 전부 은행 일을 하며 보냈다. 당시에는 은행의 사고 예방을 위하여 모든 직원은 이삼 년에 한 번씩 지점 간 아니면 본점과 지점 간에 이동하는 순환 근무가 원칙이었다. 이동할 때면 같이 있던 직원들과 작별 인사를 나누는데 그동안 정이 들어 그렇게 섭섭할 수가 없었다. 한편 새로 근무하는 곳으로 처음 출근을 하게 되면 모두가 낯설기만 하고 다시 새로 사람을 사귀어야 하는 일이 반복되었다. 그렇게 또 몇 년간 사람을 사귀고 정이 들면 다시 다른 곳으로 발령받아 섭섭한 이별을 하게 된다. 은행에서 일하며 회자정리라는 말을 몸으로 실감할 수 있었다.
   그런데 내가 부임해 가는 그곳마다 신경증을 앓고 있는 동료들이 있었다. 나는 사람을 별로 가리지를 못해 어떤 사람과도 상대하며 지내는 편인데, 대부분 사람은 이런 동료를 별로 상대하려 하지 않으니 이런 친구들은 주로 나에게 다가온다.

그들에게는 공통점이 있었으니, 나와 말을 하는 사이에 다른 동료 두 명이 멀리서 대화를 나누는 것을 보면 그들은 한결같이 두 사람이 자기에 관해 얘기하고 있다고 생각한다. 그들은 모두 섬세한 마음의 소유자로 자존감이 약한 사람들이었다. 같이 근무하던 상사나 동료들로부터 오랫동안 무시당하고 따돌림을 당하면 이렇게 된다는 것을 알 수 있었다.

당시 은행원들은 대부분 내근을 했고 밖으로 나다니는 직원은 소수밖에는 없었다. 온종일 상사가 뒤통수를 보면서 뒤에 앉아 있으니 웬만한 보통 사람도 견디기 어려운 상황이다. 그렇다고 날마다 온종일 해야 할 만큼 일이 있는 것도 아니니 눈치가 좀 보이는 것이 아니다. 상사는 상사대로 다만 뒤에 앉아 있을 뿐 더더욱 일은 없고, 그의 윗사람이 따로 있으니 입장은 더 어렵다. 승진해 위로 올라갈수록 직접 하는 일은 점점 더 없어지고 일은 해야 하니 쓸데없는 일을 지시하고 간섭하고 잔소리를 하게 된다. 물론 다 그런 것은 아니지만 많은 사람이 그러하다. 재수 없게도 신경증을 앓는 상사를 만나게 되면 지옥의 상황이 연출된다. 그 상황을 잘 견디어 낼 만큼 마음을 쓰지 못하면 자신이 또 한 사람의 환자가 되어 버린다. 문제는 같은 공간에서 너무 오랜 시간을 함께 지내면서 몸은 전혀 쓰지 않고 머리만 쓰고 있다는 것이다.

  사람은 영혼과 육신을 겸비한 존재이다. 일할 때도 몸과 마음을 같이 써야 양쪽이 모두 건강할 수 있다. 몸과 마음을 사용하는 데 있어 균형이 깨지게 되면 어느 쪽이고 병들게 마련이다. 직장에서 머리만 쓰는 일을 한다면 퇴근 후에 운동이라도 하며 몸을 써 주어야 할 것이고, 반대의 경우라면 퇴근 후에는 독서를 한다든지 음악을 듣는다든지 해서 몸과 마음의 균형을 유지할 수 있도록 해야 할 것이다.

10. 프로그램으로서의 법칙성

잠실지점에 근무할 때 영업시간 후에 야근할 일이 많았다. 하루는 책상에 앉아 일하던 중 문득 이런 생각이 들었다. 책상과 책상 밑에 있는 내 다리가 근본적으로는 다를 것은 없지 않을까 하는 것이었다.

과학 시간에 배운 바에 따르면 나무는 탄소(C)가 주성분이고 사람의 몸은 물이 70%를 차지하니 수소(H)와 산소(O)분자가 주성분일 것이다. 나무에도 물론 수소와 산소분자가 있을 것이고 사람의 몸에도 탄소 분자가 있을 터이니, 나무와 내 다리를 이루는 성분은 공유가 가능한 같은 분자일 것이다. 다만 어느 것이 얼마만큼 많이 혹은 적게, 이런 형태로 혹은 저런 형태로 다르게 결합하여 있을 뿐일 것이다.

쉽게 물(H_2O)과 탄산가스(CO_2)를 들어 생각해 보자. 왜 수소 분자 2개는 산소분자 1개와 결합하여 물을 만들고, 탄소 분자 1개는 산소분자 2개와 결합하여 탄산가스를 만드는 것일까? 공기 중에는 수소, 산소, 탄소 분자가 수없이 존재할 터인데 왜 그것들은 그런 식으로 결합하는 것일까 하는 의문을 잇달아 가지게 되었다. 한동안 지속해서 그런 의문을 가지고 있었더니 저절로 나온 해답은 분자들이 여러 형태로 결합하여 어떤 물질을 형성하는 것은 그렇게 결합하도록 하는 법칙이 존재하기 때문이라는 것이었다. 과학자들은 그것을 과학법칙이라고 할 것이고, 보통 사람들은 그냥 자연법칙이라고 할 것이다.

범위를 넓혀 보니 세상 모든 일에는 예외 없이 어떤 법칙성이 있다는 데에 생각이 미치게 되었다. 이를 부정하는 사람도 많이 있을 테지만, 그것은 우리가 현재까지 알고 있거나 인식이 가능한 영역의 한계 안에서 현상을 보는 한계성 때문일 것이다.

물은 높은 곳에서 낮은 곳으로 흐르며 나무 위의 사과는 익으면 땅으로 떨어지고 밤과 낮은 바뀌는 일이 반복된다. 밤과 낮이 바뀜은 지구의 자전과 공전에 따른 것임을 우리는 배워서 알고 있다. 지구의 자전과 공전에 대한 지식이 과학적으로 밝혀지기 전에도 누구나 밤과 낮이 바뀌는 법칙성에 대해서는 알고 또 믿어 의심치 않았다. 법칙성은 비단 눈에 보이는 현상에만 국한된 것이 아니다. 인과응보라든지 사필귀정이라는 말은 누구나 들어보았을 것이다. 이 역시 믿지 않는 사람들이 많겠지만 이 또한 겉으로 드러나지 않지만, 우리가 벗어날 수 없는 법칙이라 하겠다.

지구가 자전하면서 태양 주위를 돌고 있다는 것을 과학자들이 밝혀낸 이후로 사람들은 모든 것을 알아낸 듯 여기지만, 사실은 누구도 그것들이 왜 그런 움직임을 지속하는지에 대하여는 알지 못한다. 물론 인력을 들어 설명하려 하겠지만 근본적인 원인은 아무도 모른다.

세상에 있는 모든 법칙은 그렇게 되게 되어 있으니 그렇게 되는 것이다. 수소와 산소분자의 결합이나 지구의 자전과 공전이나 모두 애초부터 그렇게 되도록 되어 있으니 그렇게 될 뿐이다.

컴퓨터에서 프로그램에 따라 실행하도록 명령을 내리면 그대로 실행이 되는 것과 동일하다.

따라서 세상의 모든 일은 형이상·형이하의 여부를 떠나서 법칙, 즉 그렇게 되게 되어 있는 프로그램에 따라 돌아가는 것이다. 더욱 신기한 것은 이 프로그램에는 말 그대로 무한대의 경우의 수가 들어 있다는 것이다. 이를 일컬어 혹자는 자유의지라는 표현을 쓰는 것 같다.

이 프로그램을 어떤 이는 '순리' 혹은 '이'라고 하고, 어떤 이는 '자연'이라고 하고, 어떤 이는 '도' 또는 '법' 혹은 '인연'이라 하고, 어떤 이는 '하늘' 혹은 '하느님'이라고도 하는 것이다.

11. 천주교 입교

　우리 집안은 대대로 내려오는 유교 집안으로 나는 남향 홍씨 문정공파 서호공의 15대 종손이다. 따라서 어려서부터 거의 일 년 내내 집에서 제사 지내는 일이 끊이질 않았다. 집안에 기독교 믿는 사람은 한 사람도 없었으며 출가한 이후 고모 두 분만이 한 분은 천주교 다른 한 분은 성공회에 다니는 것이 전부였다.
　아버님께서 50대 후반에 일찍 돌아가셨는데 돌아가시면서 대세(代洗)를 받고 천주교 신자가 되신 것이 우리 집안에서 천주교의 시작이었다. 아버님은 돌아가시기 전까지는 테니스 치는 것을 좋아하셔서 온종일 테니스를 치실 정도로 건강하셨었는데, 그때 같이 테니스 치는 분 중에 천주교 신부님이 계셔서 그분 때문에 천주교에 대하여 좋은 인상을 받으시고 돌아가시면서 대세까지 받게 된 것 같다.

묘소에 아버님을 매장할 때는 왜 그랬는지 모르겠으나 집안 어른들이 나를 그 자리에 있지 못하게 하고는 한마디씩 하였다. "너희 아버지야 돌아가시게 되어 어쩔 수 없이 천주교 신자가 되었지만 너는 절대로 예수를 믿으면 안 된다."

앞에서 쓴 것처럼 나는 명상을 하면서부터 처음으로 종교에 관심을 가지기 시작했는데, 특정 종교가 아니라 종교 전반에 대하여 지대한 관심을 두게 되었다. 앞서 말했듯이 기독교의 하느님에 대하여는 내 나름으로 법칙이나 프로그램의 개념을 지칭하는 것으로 보았다. 좀 더 확실히 알아보고자 성당에서 하는 교리 교육도 이수했는데 사실 신자가 되려는 마음은 추호도 없었다. 이때 집사람은 이미 천주교 신자가 되어 있었는데 그 연유는 다음과 같다.

결혼하고 나서 여러 차례 이사하며 아파트를 전전하였는데 이상한 것은 가는 그곳마다 이웃에 있는 부인들이 집사람에게 성당을 가자고 권유하는 일이었다. 잠실에서 둔촌동으로 그리고 고덕동으로 이사하면서 계속 그러했는데 집사람이나 나에게는 그럴 생각이 전혀 일어나질 않았다. 그런데 포항으로 내려갔을 때, 집사람은 둘째 아들을 출산하고 나서 산후우울증으로 심한 고생을 했다. 그런데 이번에는 앞집 할머니가 성당을 가자고 했고, 집사람은 하도 죽겠어서 살자고 따라가 세례를 받았다.

　명상하고 영적인 것을 추구하면서 종교에 많은 관심을 기울이게 된 것에 비례하여 직장 생활은 점점 더 힘들어졌다. 실제로 일이 힘들어진 것은 아니고 직장 일의 하나하나가 나에게는 엄청난 스트레스로 다가왔다. 주말이면 좀 살 만하다가도 일요일이 오후로 넘어가기만 하면 세상은 소나기 오기 전의 하늘처럼 컴컴해지는 것이었다. 매일 출근하는 것이 소가 도살장으로 끌려가는 듯했고 그래서 매일 밤이 그대로 지속하여 낮이 없기를 바랐다. 나의 그런 바람에도 밤과 낮은 바뀌며 지속하였고, 나는 차라리 세상에 없었기를 소망했다.

　아버님 돌아가신 3주기 제삿날 두 고모가 오셨다. 사실 예수 믿는 고모님들을 아버님께서 살아 계셨을 때는 제사 지내는 근처에도 얼씬을 못하게 했었다. 아버님 제사가 끝난 후 내 사정을 아시는 고모님 두 분이 나를 위해 기도를 해 주시겠다고 하셨다. 셋이서 아랫목 이불 밑에 발을 넣고 양손을 마주 잡고는 두 고모님이 차례로 소리를 내어 기도하셨다. 그런데 그 순간 내 마음에 변화가 일어났다.

　나름으로 하느님의 개념을 가지고 교리까지 받았지만 내가 세례를 받을 수 없게끔 했던 장애물은 다름 아닌 신부님이었다. 신부가 무슨 자격으로 하느님을 대리한다고 하며 행세를 하는지 당시의 나로서는 도무지 받아들일 수가 없었다. 그런데 그날 고모님들이 나를 위해 기도한 그 순간 그 장애가 갑자기 사라져 버렸다. 그 짧은 순간 이런 생각이 들었다. 내가 직장 생활을 못 견디듯이 신부들도 때로는 그럴 때가 있을 것이라는 생각이 들었다. 물론 신부가 된 초창기에는 뜨거운 마음으로 열심히 살겠지만, 평생 하다 보면 못해 먹겠다는 생각이 들 때가 어찌 없겠는가? 때로는 못된 신자에게 욕을 하고 귀싸대기라도 후려갈기고 싶을 때가 어찌 없다고 하겠는가? 평생을 새벽같이 일어나 새벽 미사를 올리고, 일요일이면 몇 번의 미사를 올리며 같은 강론을 해야 하는 것은 또 어떠할까?

아! 신부님이 하는 일은 자기 마음에 따라 하는 것이 아니라 그 직에 따라 해야 하는 일을 그저 하는 것이로구나 하는 생각이 들었다. 또한, 신부님을 그 직에 있게 한 것도 신부 본인의 뜻이 아니라 하느님이로구나 하는 생각이 잇달아 들었다. 신부가 나에게 장애가 되었던 것은 사실 나의 무지와 교만이었다. 그날 마음의 변화가 있고 나서는 바로 세례를 받고 천주교 신자가 되었다. 아버님께서 돌아가신 지 거의 40년이 되어가는 지금 가까운 친척 중에서는 천주교 신자가 아닌 사람을 찾아보기가 어렵게 되었다.

집안에 천주교가 퍼져나가는 것을 보면서 마치 세숫대야 속 물에 잉크 방울이 떨어져 번져 나가는 것과 같고, 우리 몸에 암세포가 퍼져나가는 것과 유사하다는 생각이 들었다.

12. 성령 체험

1988년도 천주교 신자가 된 이듬해 성령을 체험하게 되었다. 다니던 홍제동 성당에서 성령 세미나가 있었는데 견진성사를 받기 위한 교육의 일환이었다. 8주 동안 일주일에 한 번씩 하는 프로그램으로 무엇인지도 모르고 그냥 참가하였다. 5주째에 성령 안수가 있는데 주교님이 오셔서 할 것이라고 했다.

막상 그날이 되었는데 주교님은 사정이 있어서 못 오시고 본당 신부님이 대신 안수를 해 줄 것이라고 했다. 그런데 나는 항상 보던 우리 신부님이 안수한다고 하니 다소 실망이 되었다. 기왕이면 주교님한테 안수를 받고 싶었다.

신자들을 일렬로 세워 놓고 두 손바닥을 위로 향하도록 앞으로 내밀게 하고는 신부님이 지나가면서 잠시 두 손을 신자들의 손 위에 얹는 것이 전부였다. 그런데 이게 웬일인가? 노상 보던 평범한 신부님이 손을 갖다 대었을 뿐인데 내 손에 전기가 오듯 찌릿찌릿한 느낌이 오는 것이 아닌가?

"이건 뭐지?"

안수가 끝나고 모두 자리에 앉은 다음에는 '이상한 언어'(개신교에서는 방언이라고 한다)를 할 수 있도록 유도하는 시간이 있었다. 눈을 감고 힘을 빼고 모든 것을 성령께 의탁하면서 "라라라라" 소리를 내도록 하였는데 이번에는 더 놀라운 일이 벌어졌다. 잠깐 "라라라라" 소리를 따라 하고 있는데 나도 모르게 혀가 자동으로 계속 굴러가는 것이 아닌가? 그러더니 무슨 말인지 알지도 못하는 "알렐루야" 소리가 나오고 있었다. 그것뿐만 아니라, 나의 의지나 마음과 관계없이 울음이 터져 나오고 얼굴 근육과 입이 저절로 움직여 울 때의 형태를 취하게 하고, 슬프지도 않은데 눈에서는 눈물이 줄줄 흘러내리고 우는 소리도 저절로 나오는 것이 아닌가? 사실 마음으로는 전혀 울 마음이 아니었는데도 말이다.

놀라웠다. 평생을 살면서 내 몸은 내가 내 마음대로 움직이도록 해 왔는데, 내가 움직이려 하지 않아도 다른 어떤 힘이 내 몸을 움직일 수 있다는 것은 세상이 뒤집히도록 놀라운 일이었다. 동시에 두렵기도 했다. 다른 무엇이 나를 움직일 수 있다는 것은 엄청나게 두려운 일이기도 했다. '옜다 모르겠다' 하고 그냥 울도록 놔두었더니 꺼이꺼이 통곡을 하기에 이르렀다. 집사람이 옆에 같이 있었는데 나중에 얘기하기를 내가 성당에서 제일 크게 소리 내 울어서 무척 창피했노라고 했다. 그런데 그 모든 동안 나는 전혀 울고 싶은 마음이 아니었다.

  이 일로 인하여 나의 사고방식은 180도로 바뀌어 기존의 관념들은 안팎이 뒤집히는 변화를 할 수밖에 없었다.

  우리는 모두 안과 밖에 대하여 절대불변의 고정관념을 가지고 있다. 그런데 그것은 항상 거꾸로 뒤집힐 수도 있다. 안과 밖이란 어느 쪽을 기준으로 하느냐에 따라 바뀌는 것이다. 우리는 항상 내가 기준점이 된다. 정확히 말하자면 내 몸이 기준점이 되는 것이다. 그런데 그 기준점을 놓아 버리면 상대적인 모든 것은 그 상대성을 잃고 마는 것이다.

  앞에서 내가 나를 잃는 두려움에 대하여 말했는데 이 두려움은 쓸데없는 것이었다. 로마서 8장 28절에 이런 구절이 있다. "하느님을 사랑하는 이들, 그분의 계획에 따라 부르심을 받은 이들에게는 모든 것이 함께 작용하여 선을 이룬다는 것을 우리는 압니다." 또 요한복음 7장 7-8절 니코데모와의 대화에 예수님의 이런 말씀도 있다. "육에서 태어난 것은 육이고 영에서 태어난 것은 영이다. '너희는 위(영)로부터 태어나야 한다'고 내가 말하였다고 놀라지 마라. 바람은 불고 싶은 대로 분다. 너는 그 소리를 들어도 어디에서 와 어디로 가는지 모른다. 영에서 태어난 이도 다 이와 같다."

내가 가지고 있는 기준점을 놓아 버리면 나는 아무것도 두려울 것도 없고, 바람과도 같아 어디에 있다 할 것 없이 자유로운 것이다.

13. 영어

영어를 처음 접한 것은 아주 어린 시절 아버님이 듣던 레코드판에서 흘러나오던 영어 노래였다.

아버님이 영어를 하던 분도 아니었는데 당시 중절모자를 쓰고, 영어 노래 듣고 하는 것이 아마도 유행이었던 것 같다. 지금도 기억나는 노래는 〈싱싱싱〉이란 노래와 폴 앵카의 〈다이애나〉였는데 소리만 흉내 내 따라 했던 기억이 있다. 또 겨울이면 야외에 물을 얼려 만든 스케이트장이 있었는데 항상 들려 오던 노래는 〈새드 무비〉였고 지금까지도 기억에 생생하다.

중학교에 진학하면서 영어를 배우기 시작했는데 그렇게 재미있을 수가 없었다. 영어책에는 1개의 과가 끝나면 과마다 연습문제(Exercise)가 있었다. 선생님께서는 연습문제 풀 사람을 손들게 하여 앞의 칠판에 가서 쓰도록 하였는데, 나는 항상 먼저 손을 들고 앞으로 나가 문제를 풀었다.

영어 사랑은 나이 마흔에 미국 이민 가기 전까지 계속되었다. 고등학교 때 영어 참고서는 『정통종합영어』가 대표적이었는데 내용을 전부 욀 정도로 많이 들여다보았다. 또 당시만 해도 거리에서 외국인을 보기가 힘들었는데 어쩌다 눈에 띄면 다가가 말을 걸어볼 정도로 열성적이었다. 따라서 성적표를 받으면 영어 점수는 항상 좋았고 다른 과목은 상대적으로 별로 좋지를 않았다.

이런 추세는 대학 시절은 물론 직장 생활까지 이어졌다. 행원 시절 수출입을 담당하며 영어로 된 '신용장 통일규칙'을 가지고 동료들과 토론도 했고, 문제가 된 건 외국은행에 직접 전화하는 무무한 짓을 하기도 했다.

중학교 때인지 고등학교 때인지 영화 한 편을 보았다. 클린트 이스트우드 주연의 〈더티 하리〉였다. 극 중 한 장면에서 "Yea!" 하는 대사가 있었는데 그 한 마디 소리가 왜 그토록 멋있게 들렸는지 모른다. 그때 그토록 멋있게 들리지 않았다면 아마도 미국에 이민 오는 일이 없었을지도 모르겠다.

은행에서 대리로 승진하고부터 힘들 것도 없는 은행 일이 점점 더 힘들어지기 시작했다. 일보다는 윗사람 눈치를 봐야 했고, 객관적으로 중요하다고 생각되지도 않는 일을 최고로 중요하게 여겨야 했으며, 마시기 싫은 술을 토하도록 마셔야 했다. 그 일을 평생을 해야 한다고 생각하니 도저히 견딜 수가 없었다. 그래서 미국 이민을 결심했다. 무엇을 하더라도 은행원보다는 나을 것 같았다. 미국에 가면 몇 년 안에 영어는 본토인 만큼 할 수 있을 거라는 자신감도 있었다.

  올해로 이민 온 지 26년째이다. 지금 영어에 대한 생각은 다르다. 맥도날드에서 Drive Through로 햄버거를 하나 시키는 것조차 편하지 않아 넘버 원, 넘버 투로 시키는 정도이다. 한국어에 능통한 성인 한국인이 영어 공부에 지나치게 시간을 투자하고자 한다면, "길지 않은 인생에 진정으로 더 중요한 일을 하십시오. 세상에는 그보다 더 중요한 일이 많습니다." 하고 말릴 것이다.

제3장
이민 시절

1. 마음 수련

미국에 온 후 몇 년이 지나 우체국에서 우편배달 일을 하고 있을 때, 대학 시절의 친구가 직장 일로 LA에 출장을 와서 만난 일이 있다. 반갑게 만나 이런저런 이야기를 나누고 회포를 풀었는데 친구가 비행기 안에서 읽었노라며 『가야산으로의 7일간의 초대』라는 제목의 책 한 권을 전해 주었다. 당시 시작된 지 얼마 되지 않아 일반에게 널리 알려지지는 않았던 마음 수련에 관한 책으로, 속히 읽고는 많은 관심을 두게 되었다. 불가에서 평생 수련해도 경험할까 말까 하는 견성을 마음 수련을 통해 누구나 일주일이면 체험할 수 있다고 했다. 귀에 쏙 들어오는 얘기가 아닐 수 없었다.

얼마 지나지 않아 LA에도 마음 수련 센터가 생겼다는 소식을 듣고 부랴부랴 등록하고 수련을 시작하였다. 방법은 간단했다. 벽에서 1미터쯤 떨어져 가부좌하고 앉아서는 벽에 그

려진 동그란 까만 점을 응시하는 것이다. 그 이전에 머릿속으로 어떤 형태로든 자기가 죽었다는 것을 최대한 실감 나도록 하여 죽어서 영의 상태로 지구로부터 멀리 떨어진 우주에 있으면서 점으로 보이는 지구를 바라본다고 상상하는 것이다. 말하자면 벽에 있는 점을 지구로 보면서 기억할 수 있는 과거의 끝으로부터 현재까지의 기억을 돌이키면서 그 하나하나를 지구에다 집어 던진다고 상상하는 것이다. 과거로부터 현재로, 다시 현재로부터 과거로 철저한 스크린을 반복하게 되면 처음에는 기억나지 않던 잊힌 부분까지도 기억할 수 있게 된다고 하였는데 그것은 내 경험으로도 확인할 수 있었다. 또 떠오른 기억은 집어 던지면 지워지는데, 어느 정도 이성이 지워지면 견성을 체험할 수 있다고 했다.

나중에 컴퓨터에 대한 지식을 조금 더 가지고 보니 말하자면 컴퓨터의 초기화(Formatting)와 같은 개념인 듯했다. 사람의 기억이라는 것도 컴퓨터에서와같이 저장된 메모리인데 신기한 것은 망각을 향해 던져 버리면 지워진다는 것이다. 컴퓨터 화면에 있는 어떤 아이콘을 지우기 위해서 드래그해서 휴지통에 넣는 것과 같다고 하겠다. 사람의 마음은 믿는 대로 조화를 부리니 기억이 지워진다고 하면 정말로 지워지는 것이다.

  앞서 단전호흡에서 중도 하차한 것처럼 마음 수련에서도 일주일이면 간단하게 이룰 수 있다고 하는 견성을 이루지 못하고 중도 하차해 버렸다. 그럼에도 불구하고 또 하나의 시도를 통해서 나름의 지평을 다소라도 넓히게 되었다는 위안으로 만족해야 했다.

2. 등산 편력

홍은동에 살 때 등산을 처음 시작하였다. 사실 그때 한 것은 등산이라고 할 수조차 없었다. 80년대 말쯤 되었던 것 같은데 홍은동 사거리 돌산 밑의 아파트에 살았다. 아파트 뒤의 돌산을 올라갈 수 있는지 시험 삼아 올라 보았다. 나지막한 산임에도 힘겹게 올랐던 기억이다. 이후로 북한산 쪽으로 방향을 돌려 집에서 가까운 등산로부터 차례로 섭렵하여 갔다.

너무 오랜 세월이 지나 등산로 이름은 기억이 나지 않는데 집에서 가까운 데로부터 시작하여 하나하나 오르내리다가 하루는 능선을 종주해서 우이동으로 내려와 보았다. 아마도 이것이 본격적인 등산의 시작이 아니었나 싶다. 능선을 종주한 이후로는 난이도가 높은 바위 코스를 포함하여 북한산 코스 대부분을 밟아 갔다. 토요일은 대서문 쪽으로 해서 백운대를 올라갔다가 와서 출근한 적도 여러 차례 있었다. 당시에는 바로 산 밑의 절 근처에 주차하고는 1시간여 만에 백운대를 오를 수 있었다.

  밧줄을 이용한 암벽등반은 해 보지 못하였지만 로프 없이 맨손으로 오를 수 있는 봉우리는 거의 올라 보았다. 이른 새벽에 암벽을 오르려고 바위에 손을 댔을 때, 차갑고 촉촉한 느낌은 마음을 짜릿짜릿하게 했는데 경험해 본 사람만이 공감할 수 있을 것이다.

  이후로 전국의 여러 산을 올랐지만 가장 대표적으로 기억에 남는 산행은 설악산 공룡능선, 용아장성 능선과 지리산 종주였다.

  미국에 이민 온 후 덴버에 정착하면서 다시 산행을 시작하였다. 콜로라도에는 14,000피트를 넘는 산들이 55개가 넘는다. 처음에는 내가 과연 저런 산들을 오를 수 있을까 의구심이 있었는데, 처음 하나를 시작해 보고는 자신감을 가지게 되었고, 그동안 제일 높은 마운트 엘버트를 포함하여 15개 정도의 정상을 밟아 보았다.

  처음 오른 것은 Longs Peak으로 로키마운틴국립공원 안에 있는 14,259피트의 봉우리였다. 책에서 읽은 대로 새벽 2시에 산행을 시작하여 새벽 무렵 중간의 Boulder Field라는 곳에 이르렀는데 넓적한 바위들이 운동장처럼 깔린 곳이었다. 전날 내린 비로 바위 사이로 물이 졸졸 흐르는데 바위 사이사이

초록의 풀들과 어울려 어슴푸레한 모습은 마치 선경을 보는 듯했다.

콜로라도에서 높은 산들은 보통 산행을 시작하면서 3,000에서 5,000피트를 올라 정상에 다다른다. 12,000피트 정도 되면 툰드라 지대가 시작되면서 나무들은 찾아볼 수 없게 된다. 13,000피트부터는 보통 바위들이 얼기설기 얽혀 있고 이때부터 숨쉬기가 힘들어져서 한 번에 10m를 가기도 쉽지 않다. 정상은 보통 바위도 없는 민둥 지대인 경우가 많다.

일 때문에 산을 오르지 못한지도 몇 년이 되었다. 그동안 나이도 들었고 체력도 현저하게 저하되었다. 언제고 일을 그만두게 되면 다시 체력을 길러 산행을 시작할 생각이다.

3. Mount Elbert

설레어
잠 설치고
달려온 새벽길
산자락 다다르니
뼛속에 스며드는
반가운 산기운

물소리
계곡따라
청량한 새소리
하늘 덮은 나무숲
지루한 오르막 끝
납작 엎딘 작은 꽃
눈 가득 채우고

어여쁨에 숨막힌다

얼기설기 큰 바위
네발로 기노라면
숨은 차다 못해 넘어가고
정상은 나와
한판 승부를 겨룬다

이윽고
드러나는 진공의 세계
빛은 여과없이 내리 꽂히고
보이고 들리는 것 죄다
낯설다

묵은 먼지 털어 내고
마음은 허공을 나는데
난
이내
하산을 서두른다

4. 어떤 순환

　예전부터 어른들을 보면 이사를 하거나 결혼 날짜를 잡는 등 집안의 대사가 있을 때는 손 없는 날로 정하는 등 특정한 날짜를 택하곤 했다. 어렸을 때는 그런 모든 것들을 미신으로 치부했다. 그런데 살면서 보니 어느 날이든 그날에 따른 특별한 무엇인가가 있다는 것을 체험적으로 알게 되었다.
　LA에서 잠시 우편배달 일을 한 적이 있다. 아침 일찍 우체국으로 출근하여 주소별로 우편물을 챙겨서 차에 싣고 배달에 나선다. 소포도 마찬가지로 배달 경로에 따라 정리함은 물론이다. 그런데 배달에 나서 보면 어느 길에는 배달할 소포가 전혀 없는 반면, 다른 어떤 길에는 여러 꾸러미의 소포를 배달해야 하는 경우가 자주 있었다. 그뿐 아니라 길을 따라 소포를 배달하면서도 어떤 길은 왼쪽의 집에 소포가 집중되는가 하면, 어떤 길은 오른쪽으로 집중되는 경우가 많이 있었다. 그냥 다소 이상하다는 생각이 들었었다.

덴버에 와서 세탁소를 하면서 보니 특정한 날에 따른 이상한 현상은 더욱 많이 발견되었다. 손님들이 셔츠를 맡기러 오는데 이상하게도 날에 따라 같은 숫자의 셔츠를 가져오는 사람이 많은 것을 발견할 수 있었다. 예를 들면 어느 날은 셔츠를 5개 가져오는 사람이 많다가 또 다른 날은 7개씩을 가져오는 식이다. 더욱 신기한 것은 어느 날은 같은 성을 가진 사람이 여러 명이 세탁소를 찾는데 어느 때는 잇달아 오는 경우도 여러 번 있었다. 미국에서도 많은 사람이 같은 성을 쓰기도 하지만 한국의 김 씨, 박 씨처럼 흔하지는 않으니 확률로 설명할 수 있는 일은 아니다.

세탁소 일이 규모는 작아도 일을 하다 보면 문제가 생기는 경우가 있다. 어떤 때는 여러 건이 한 번에 발생하는 때도 있다. 나는 성격상 문제가 해결되기 전까지는 항상 머릿속에 매달려 있는 것이 싫어서, 될 수 있는 대로 빨리 떨쳐 버리려 하는데 그것이 내가 원하는 대로 되지 않는다는 것을 알게 되었다. 이런 문제들을 통하여 알게 된 것은 문제가 생기는 날이 있는가 하면 문제가 풀리는 날이 있다는 것이다. 물론 문제 해결을 위해 노력을 해야겠지만 노력만으로 되는 것은 아니고 문제가 해결되는 날까지 기다릴 줄도 알아야 한다.

젊어서 직장 다닐 때 사람들이 유난히 고스톱을 많이 쳤다. 워낙 즐기지 않아 어쩔 수 없이 어울려 끝나기만을 기다리는 것이 일이니 항상 가지고 있던 돈을 몽땅 털리는 게 일이었다. 오래 하다 보니 한가지 배운 것이 있다. 돈 따는 기회는 한 사람에게만 계속 있는 것이 아니라 좌중을 돈다는 것이다. 다시 말해 운이라는 것은 한 곳에 고정된 것이 아니라 일정하게 움직인다는 것이다. 따라서 고스톱에서 잃지 않거나 돈을 따려면 자기에게 운이 돌아왔을 때 놓치지 말고 그 운을 잡아야 한다.

운의 움직임은 크게 보면 세계 역사의 흥망에서도 드러난다. 고대까지도 갈 것 없이 근대사에서만 보아도 해가 지지 않는 나라 영국의 운은 미국으로 옮겨서 갔고 점차 이동하여 최근 대한민국의 국운은 상승일로에 있는 것을 알 수 있다. 대한민국은 이 절호의 기회를 최대한 잘 활용해야 할 것이다.

5. Power of Now

둘째 아들이 나에게 Eckhart Tolle의 『Power of Now』라는 책을 처음 소개해 주었다. 저자는 독일에서 태어나 당시 영국에 살고 있었는데 심한 우울증을 앓고 있다가 29살 되던 생일날 밤에 돌연히 깨달음을 얻었다고 한다. 우울증으로 한동안 죽고 싶은 마음으로 살았는데, 그날 밤 문득 내면에 두 개의 자기가 존재한다는 자각을 하게 되었다고 한다. 하나는 죽고 싶어서 하는 자기이고, 또 하나는 그런 자기를 너무도 혐오하고 있는 자기였다고 한다. 자각의 순간 거짓 자아는 소멸해 버리고 완전한 평화를 얻게 되었다고 했다.

책을 읽고 기뻤던 것은, 동시대를 살아가는 평범한 사람으로서 전문적인 종교인들이 하는 것과 같은 힘든 수련을 거치지도 않고도 깨달음을 얻고, 또한 그것을 일반 대중에게 알리는 사람이 현존한다는 것이었다. 책은 너무도 쉽게 쓰여 어려움 없이 수월하게 읽을 수 있었으며, 대부분 공감할 수 있는 내용이었다.

  책의 내용은 여기에 옮길 만큼 정확히 기억이 나지 않아 그냥 '현재'에 대한 내 생각을 적어 보기로 하겠다. 별반 다른 소리는 아닐 것으로 생각한다.

  우리가 살면서 겪는 모든 어려움은 우리가 현재에 있지 못하기 때문에 생겨난다. 사실상 실제로 현존하는 것은 지금 이 순간, 현재뿐이다. 과거와 미래는 우리의 생각과 그것에 대한 기억 때문에 존재하는 것처럼 보일 뿐이다. 거의 모든 사람이 '나'라고 알고 있는 것도 사실은 생각일 뿐이다. 그 '나'는 실제로 있지도 않은 미래를 걱정한다.

  우리가 현재에 있게 되면 나는 그 생각으로 이루어진 '나'가 아닌 실제의 나로서 존재하게 된다. 이중성을 벗어나게 되는 것이다. 현재는 시간이 개입할 수 없는 영역이다. 무엇엔가 몰입할 때 우리는 현재에 있게 된다. 진정한 몰입의 순간에는 어떠한 걱정 같은 것도 우리를 건드릴 수가 없다. 현재에 머물 때만 우리는 진정한 의미로 행복할 수 있다.

  쉽게 예를 들어보고자 한다. 사업을 하는 사람이 부도의 위기에 있다고 하자. 오늘 중으로 필요한 자금을 마련하지 못하면 그동안 이룬 모든 것이 흔적도 없이 날아갈 상황이라고 하자. 피가 마를 만큼 걱정이 되는 상황이다. 그저 걱정만 하고 있으면 하루가 지나지 않아 몸속의 피가 다 말라 버릴 것이다. 그러나 걱정하며 앉아 있기보다 남은 시간 동안 돈을 구하기 위해서 할 수 있는 일에 모든 노력을 쏟아붓는다고 하자. 거기에 걱정이 개입할 여지는 없다. 상황이 걱정을 만드는 것이 아니라 현재에 있지 못하는 마음의 상태가 걱정을 만드는 것이다.

우리는 신문 지상에서 '의인'에 대한 기사를 보고는 칭송해 마지않는다. 자기의 목숨은 돌아보지도 않고 열차가 들어오고 있는 지하철 철로에 뛰어들어 철로에 떨어져 목숨이 경각에 있는 사람을 구해 내는가 하면, 불길이 치솟는 화재 현장에 뛰어들어 자신이 화상을 입어가며 사람을 구해 내는 사람도 있다. 이러한 사람들은 그 순간 바로 현재에 있으므로 그러한 일이 가능한 것이다. 현재에는 생각이 개입할 여지가 없다. 따라서 나의 안위에 대한 생각은 없으며 엄밀하게 말하면 우리가 항상 나라고 생각하는 '나'가 사라져 버리는 것이다.

'나'라고 하는 생각 없이 사는 것이 현재를 사는 것이며 현재를 사는 것이 깨달음의 삶인 것이다. 또 현재를 사는 것만이 진정한 행복의 길이며 완성의 길인 것이다.

6. 카를 구스타프 융

세탁소 손님 중에 폴이라는 젊은 친구가 있었는데 일주일에 한 번 정도 세탁물을 가지고 왔다. 그가 오면 카운터에서 이런 저런 얘기를 주고받았는데 어느 날 칼 융의 자서전을 읽어 보라고 권하였다. 『Memories, Dreams, Reflection』이라는 제목의 책이었다. 바로 아마존에서 구매해서 손에 넣자마자 읽기 시작했다.

매일 세탁소에서 빨래하고 옷 정리하는 일이 끝나면 부리나케 책 읽기를 시작했는데, 책을 읽는 일주일 내내 그렇게 기쁘고 행복할 수가 없었다. 지금도 마찬가지이지만 평소 생각하는 바를 나눌 사람이 전혀 없었는데, 책을 읽는 동안 마치 오랫동안 알던 사람과 서로 공감하는 대화를 나누는 것 같은 느낌이 들었다. 물론 이해할 수 없는 부분도 많았다.

이 책은 어린 시절의 추억으로 글을 시작하는데 놀랍게도 그는 서너 살 때 꾼 꿈을 평생 기억하고 있었다. 나이가 들어

회상하기를 그 꿈은 자기가 평생 꿈에 관한 탐구를 할 것이라는 것을 예시하는 것이었다고 했다.

서른 두 살에 프로이트의 요청으로 빈에서 처음으로 그를 만난 내용이 있는데, 처음 만나서 13시간 동안을 쉬지 않고 대화를 나누었다고 한다. 프로이트는 융에게 성을 기반으로 하는 자기의 이론을 사수하는 일을 함께하자고 제안하였는데 융은 그에 상당히 충격을 받았다고 했다. 프로이트는 모든 이론에 성의 의미를 지나치게 부각하고 종교처럼 신봉하고 있었는데 융은 그것에 전혀 동의할 수 없었다. 이후 함께 여행하기도 하는 등 여러 차례 만남을 지속했는데 종국에는 정신 연구의 대가인 그가 신경증 환자라는 것을 확신하고 나서 관계는 끝을 맺게 된다.

이 이야기를 읽었을 때, 프로이트의 실체를 확인한 듯하여 너무도 통쾌하다는 느낌이 들었다.

융은 집단 '무의식'이라는 말과 개념을 최초로 사용하였다. 환자를 치료하던 중 많은 환자가 자신의 과거 이력으로는 도저히 알 수 없는 것들에 대해 말하는 것을 보고는, 모든 사람의 무의식 기저에는 바다처럼 공유하는 부분이 있다는 것을 발견하고 이를 '집단 무의식'이라고 이름을 붙인 것이다. 놀라운 것이 이 집단 무의식이라는 것은 자율적인 기능이 있어 모든 사람이 완전성을 향해 가도록 하는 역할을 한다고 했다. 만약 어떤 사람이 가는 길이 완전을 향한 바른 방향에서 지나치게 이탈하게 되면, 정신 기능의 이상이 초래되도록 되어 있다는 것이다.

또한, 사람의 정신 기능을 4가지로 구분하였는데 사고, 감정, 감각 그리고 직관의 기능이 그것이다. 이 기능들은 각 기능이 조화롭게 사용되어야 하는데, 다른 기능들과의 조화 없이 어느 특정 기능만 지나치게 사용하게 되면 또한 정신 기능의 이상이 초래된다고 하였다.

정신의 기능 장애를 치료하는 의사는 보다 완전성을 가지고 있어야 하며, 치료 과정은 의사의 완전성과 환자의 불완전성 사이에 마치 화학 반응이 일어나듯 해야 한다고 했다.

책을 읽는 내내 온통 기쁨이었다. 책을 다 읽고 나서는 한국에 있는 친구에게 연락하여 칼 융 전집을 구해서 보내 달라고 부탁해서는 받아 읽었다.

융이 발견한 집단 무의식이란 내게는 그가 하느님을 그런 식으로 발견한 것으로 보였다. 모든 사람이 완전해지기를 바라며 완전으로 이끄는 그 하느님 말이다. 말년에 융이 영국 BBC 방송과 인터뷰를 한 적이 있다고 한다. 이 자리에서 진행자가 질문했다. "선생님이 말하는 집단 무의식이란 신과 같은 것입니까?" 하고 질문했을 때 융은 대답 대신에 그냥 웃음을 띠는 것으로 답변을 대신했다고 한다. 그의 웃음은 아마도 긍정의 대답이었을 것이다.

7. 라마나 마하르쉬 - 내 몸이 나가 아니다

법륜 스님이 미국을 순회하며 즉문즉설을 하였는데 덴버에도 오셔서 거기에 참석할 기회가 있었다. 사실 스님께 질문할 생각 없이 참석했는데, 진행 봉사자 중의 한 명이 아는 이였는데 진행을 위해 나한테 질문을 하라고 강권하였다.

앉아서 기다리던 중 생각이 바뀌었다. 스님을 뵐 기회가 다시 있기는 어려울 듯한데, 한 사람 두 사람 질문을 시작하면 나중에는 질문하고 싶어도 하지 못하겠다 싶었다. 첫 번째로 손을 들고 질문인지 청탁인지를 드렸다.

"오랫동안 깨달음을 추구해 오고 있는데 힌트를 하나만 주십시오." 하고 청하였다.

스님께서는 앞에 놓여 있던 플라스틱 물병을 손에 드시고는, 손에 들고 있는 이것이 뜨거우면 그냥 놓으면 되지 거기에 무슨 별다른 것이 필요하냐고 말씀하셨다. 나로서는 이해가 되지를 않으니 무언가를 좀 달라고 하고 계속 청하였는데 더 이상의 것은 주질 않으셨다. 끝나고 방을 나올 때 우연히 스님을 마주치게 되었는데 스님께서는 알게 모르게 이상한 눈빛을 보이셨다.

말씀을 듣고 나오면서 집사람 친구가 "방에 있던 모든 사람이 스님의 말씀을 알아듣는데, 당신 남편은 왜 그리도 말귀를 못 알아듣냐."고 했단다.

그 말이 무슨 말인지는 다음날 온종일 생각하고 나서야 알게 되었다. 그때 스님께 여쭈었던 힌트는 그로부터 얼마 되지 않아 스스로 얻게 되었다.

젊어서부터 서점에 자주 들러 책을 사다 읽었어도, 그 책은 손에 잡히질 않았고 글쓴이도 눈에 들어오질 않았다.

당시 많이 읽었던 책이 크리슈나무르티의 『자기로부터의 혁명』이라든지, 라즈니쉬의 수많은 명상 서적들, 아니면 마하리쉬의 『초월의 길 완성의 길』 같은 책이었다. 정신세계사에서 초창기에 발간한 책들은 거의 다 읽었을 것이다.

지금으로부터 5년 전쯤 어떤 책을 읽다가 그분의 이름을 알게 되었고, 바로 주문하여 책을 받자마자 읽기 시작하였다. 아마도 젊어서 서점에 들렀을 때부터 여러 번 보고는 그냥 지나쳤을 것이다. 라마나 마하르쉬의 『Who Am I?』라는 책이었다. 책을 읽으며 전에 칼 융을 읽을 때처럼 마냥 기뻤다. 모든 것에는 때가 있다는 말이 실감이 났다. 아마도 젊었을 때 읽었더라면 그냥 읽고 지나쳤을 터인데, 책을 읽으면서 이제는 더 이상의 책을 읽을 필요가 없다는 생각이 들었다.

　처음부터 끝까지를 관통하는 내용은 내 몸이 나가 아니라는 것이다. 보통의 모든 사람은 내 몸이 나라고 생각한다. 그것은 사실이 아니고 그냥 생각일 뿐인데, 그 생각이 모든 생각의 시작이며 그로부터 모든 생각이 끊임없이 계속되는 것이다. 그리하여 내 몸이 아니라고 생각되는 것은 남이 되고 너 아니면 그것이 되는 것이다. 내 몸이 나라고 하는 생각이 곧 자아라고 하는 것인데 사실상 그것은 있지도 않은 허구의 생각일 뿐이다.
　그렇다면 허구의 내가 아닌 진실의 나는 무엇인가? 그것은 몸이 나라는 생각을 하는 그 주체인 그것이다. 우리는 몸의 눈과 귀를 통하여 보고 또 듣는다. 우리는 내가, 즉 내 몸이 보고 듣는다고 여긴다. 하지만 진실은 내 몸이 보고 듣는 것이 아니고 눈과 귀는 그저 볼 수 있는 상황을 만들어 주는 기능을 하는데 불과한 것이다. 보고 듣는 것은 앞에서 내 몸이 나라고 생각하는 주체라고 말한 바로 그것이다. 우리는 보고 듣는 것과 생각하는 것을 다른 것으로 생각한다. 하지만 엄밀히 따져 보면 차이가 없다는 것을 알 수 있다.

요즈음에는 컴퓨터를 쓰지 않는 사람이 거의 없으니 주체라고 하는 것에 대하여 이해하기 쉽도록 예를 들어보기로 하겠다. 컴퓨터는 사람이 만든 프로그램을 작동하여 그 결과물을 컴퓨터 화면에 띄워 올린다. 화면에 올라온 그 결과물을 보는 것은 컴퓨터 그 자체가 아니라 그것을 들여다보는 별도의 사람이다. 우리의 몸은 눈을 통하여 외부에서 들어 온 정보를 신호로 바꾸어 뇌에 전달한다. 그 상태는 마치 판독이 가능하도록 컴퓨터 화면에 띄워진 정보와 같다고 할 수 있다. 그 정보는 마치 모니터를 들여다보는 별도의 사람이 있는 것처럼 별도의 무엇인가가 있어 판독하는 것이다. 이 별도의 무엇을 주체라고 말하는 것이며, 그것이 허구의 생각이 아니면 진짜의 '나'인 것이다.

이 진짜 '나'란 시간과 공간의 제약을 넘어 그냥 있는 그것이다. 있다없다 할 것도 없으니 유무를 넘어 있다. 따라서 그것은 내 몸 안에 있는 것이 아니다. 몸의 안팎이라고 하는 것은 아무 의미가 없이 그냥 존재할 뿐이다. 그것을 영이라고도 하고 순수의식이라고도 하며 공적 영지, 불성, 신성이라고도 한다. 속성으로는 사랑이기도 하며 앎 그 자체이기도 하다.

우리는 우리가 누구인지를 모르고 동화 속의 거지 왕자처럼 살아간다. 얼마 되지 않는 세월 동안 생존하며 끊임없는 걱정과 불안 속에서 허덕이다가는 생을 마친다. 평생을 감옥에 갇힌 무기수처럼 자유롭지 못한 삶을 살다 가는 것이다. 우리가 자유롭지 못하게 느끼는 것은 우리가 본래 자유로운 존재이기 때문이다. 길지 않은 인생을 살아가는 동안 우리의 유일한 삶의 목적이자 의미는 내가 누구인지를 알아내는 것일 수밖에 없다. 내 몸이 내가 아니라는 것을 알게 되면 저절로 내가 누구인지를 알게 될 것이다.

8. 양자 역학

덴버에 살면서 친구 한 사람을 사귀게 되었다. 한국인으로 미국에서 물리학 박사 학위를 취득한 사람인데 나하고는 동갑이라 더욱 친근감을 가질 수가 있었다. 같이 등산을 하거나 골프를 치고 저녁을 함께하고 헤어지고는 했다. 내가 양자 역학을 처음으로 듣고 접하게 된 것은 이 친구를 통해서였다.

어느 날 밥을 같이 먹고 대화를 나누던 중 이 친구가 양자 역학에 관한 이야기를 하며, 전자 이중 슬릿 실험을 설명해 주었다. 이 실험을 통하여 전자는 그 이전까지 과학자들이 알고 있던 것과는 달리 입자이면서 동시에 파동이라는 것이 확인되었다고 한다. 또한, 전자는 파동이기도 하므로 한 개의 전자를 슬릿을 향해서 쏘았을 때도 두 개의 슬릿을 동시에 통과하는 것이 가능하며, 그것은 하나의 전자가 동시에 두 곳에 존재하는 것이 가능하다는 것이다. 다시 말해서 전자는 확률적으로 존재할 수 있는 모든 곳에 존재할 수 있다는 것이다.

양자 역학에 대한 이러한 설명은 내게 엄청난 놀라움이자 기쁨이었다. 불교의 공 사상에 대한 과학적인 이해의 출발점이 될 수 있겠다는 생각이 들었다. 전자란 세상 모든 물질을 이루는 기본인데, 그것이 관찰자가 관찰함에 따라 반응하여 입자로 혹은 파동으로 자신을 보여 준다는 것이다. 전자는 본래 어떤 정해진 위치에 있는 것이 아닌데, 관찰자가 관찰할 때에만 특정한 위치에 있는 것처럼 입자로서 자신을 보여 준다고 한다.

종국에는 불교의 '공'과 '일체유심조'를 이것으로 설명할 수 있지 않을까 하는 데 생각이 미치게 되었다. '공'이란 전자의 파동 상태를 말하는 것으로 본다. 이는 앞에서 말한 대로 존재할 수 있는 모든 곳에 존재할 가능성 상태를 말한다. 그래서 불가에서는 '공'이 아무것도 없이 비어 있는 것이 아니라 '꽉 차 있다'라고 하는 것이다. 관찰자인 내가 생각을 일으키면 그에 따라 대상이 그 형태를 취하게 된다. 즉 전자가 입자로서의 자신을 드러내고, 이에 따라 세상이 모습을 갖고 드러나게 되는 것이다. 우리가 '유' 또는 '무'라고 하는 것은 전자의 입자성 혹은 파동성의 상태를 말하는 것으로 여겨진다.

9. 구글 맵

  미국에 처음 이민 온 때가 1996년이었다. 당시는 운전해서 어디를 가려고만 하면 크고 무거운 지도책을 항상 가지고 다니며 들여다보아야만 했다. 그때 나이가 마흔이었는데 그때까지만 해도 지도상의 그 조그만 글자들을 전부 읽을 수 있었다. 지금은 모든 것이 너무나 바뀌어 전화기의 구글 맵만 보면 세상의 어느 곳도 찾아갈 수 있도록 세상이 좋아졌다. 그것이 나오지 않았더라면 나는 지금 지도책뿐만 아니라 돋보기에 확대경까지 챙겨 다녀야 했을 것이다.

  구글 맵은 지구상 모든 곳의 위치 정보를 담고 있는 것으로 알고 있다. 그런데 그 정보는 어디에 있는 것일까? 기술적인 데는 문외한이라 알 수는 없지만 어딘가에 무한대에 가까운 데이터로서 존재하고 있을 것이다.

  우리가 스마트폰으로 지도 프로그램을 가동하면 스마트폰은 그 데이터에 접근하여 화면에 필요한 정보를 보여 주게 된다. 휴대전화 화면은 세상의 모든 위치 정보를 잠재적으로 가지고 있다. 그 상태에서 우리가 현재의 위치를 특정하게 되면 내가 위치하는 곳이 정해지고 그곳을 중심으로 주변의 위치 정보가 나타나는 것이다.

이러한 원리를 응용하여 내가 관심 있는 부분에 적용하여 보았다. 모든 사람이 나라고 생각하는 내가 아닌 진정한 '나'는 구글 맵의 정보처럼 잠재적 가능성으로 모든 곳에 존재한다. 그런데 내 몸이 나라고 생각하는 바로 그 순간 그 '나'는 우리가 구글 맵에 현 위치를 찍듯이 내 몸에 제한 돼 버리게 된다. 마치 우리가 감옥에 갇혀 자유를 잃게 되듯이.

그룹 이글스의 노래 〈호텔 캘리포니아〉의 가사 중에 이런 구절이 있다. "우리는 모두 우리가 만든 감옥에 갇힌 죄수일 뿐이다." 그들은 그 노래에서 이러한 우리의 제약된 상태를 표현하였다.

우리는 그 감옥으로부터 탈출할 수 있다. 영화 〈빠삐용〉의 주인공 스티브 맥퀸처럼. 아마 그 영화도 지금 내가 말하고 있는 내 몸이라는 감옥으로부터의 탈출을 그리고자 했는지도 모르겠다. 내 몸이 나라고 하는 굳어진 허구에서 벗어날 때 우리는 나비처럼 자유롭게 훨훨 날게 될 것이다.

10. 거울에 비친 나

 은행 본점에 근무할 때 건물 로비는 대형 거울이 벽면을 이루고 있어 로비를 지나다닐 때마다 자신의 전신상을 보게 되었다. 그런데 그곳을 지나다닐 때마다 항상 생소한 느낌이 들었다. 그 느낌이 무엇일까 오랫동안 궁금했다.
 지금 사는 집은 화장실의 공간이 꽤 넓은데 세면대 위에는 큰 거울이 벽면을 가득 채우고 있다. 아침저녁으로 거울을 보게 되는데 내 몸의 3/4 정도가 거울 면에 모습을 드러낸다. 거울에 드러나는 나의 모습을 볼 때마다 나의 실제의 손과 발도 동시에 보이며 손과 발에 대하여 느껴지는 감각을 가지게 되는 것이었다. 어느 날 문득, 내 실제의 손과 발을 포함한 몸을 보는 것이나 몸에서 느껴지는 감각 없이, 거울에 비친 모습 만을 볼 수는 없을까 하는 생각이 들었다.
 매일 거울 앞에 설 때마다 한동안 서서 그런 생각하기를 반복하였는데 어느 날 그것에 성공하였다. 나에 대한 아무런 느낌 없이, 내 몸의 어느 부분도 보지 않으면서 거울에 비친 내 모습만을 볼 수 있게 되었다. 아무것도 아닌 일이라 생각이 들겠지만 한번 시도해 보면 그렇게 쉽고 간단한 일이 아님을 알 수 있을 것이다.

이 성공은 나에게 시사하는 바가 아주 크다. 라마나 마하르쉬의 책을 읽고 내 몸이 나가 아니라는 것을 배웠다고 했다. 이 조그마한 성공은 내가 책을 읽고 배운 바에 대한 조그마한 실증이 되었다. 거울에 비친 내 모습만을 내가 보게 되었을 때, 나는 평소와는 달리 내가 내 '몸'으로서 존재하는 것이 아니라 내 몸이 나라고 생각하는 그 생각의 '주체'로서 존재한다는 것을 알 수 있게 되었다.

즉, 내가 몸이 아닌 본연의 나로서 거울에 비친 모습을 보게끔 되었다. 사실상 거울에 비친 모습과, 같은 모양을 한 실제 나의 모습은 별다른 차이가 없는 '상'일 뿐이다.

예전에 은행 로비에서 느꼈던 것에 대한 의문도 저절로 풀렸다. 큰 거울에 비친 자기의 전체 모습을 볼 기회가 그리 많지 않은데, 그 큰 거울에 비친 자기의 모습을 보게 되면 순간적으로 잠깐 정신이 나간다고 할까, 내 몸이 나라고 하는 기존의 변할 수 없는 생각이 살짝 밀려나게 되는 체험을 하게 되는 것이었다.

이것이 거울을 통해서 하게 된 나의 조그마한 체험이며 이 글을 읽는 이들에게도 어떠한 시사점이 되었으면 한다.

11. 환상 통증

　어느 날 유튜브에서 본 내용이다. 어떤 외국 여성이 배가 심하게 아파 병원에 갔는데 심각한 사정으로 사지를 모두 절단해야 했고 그 상태로 퇴원을 했다고 한다. 그런데 퇴원 후에는 있지도 않은 팔다리의 통증으로 인해 고통을 받고 있다고 했다.
　무언가 내가 평소에 생각하던 것과 연관이 있는 것 같아 조사해 보니, 그것은 의학적으로 환상 통증이라 하는데 원인은 아직 밝혀지지 않았다고 한다. 실제 사고로 팔다리를 절단해야 했던 많은 사람이 절단 이후 오랜 기간이 지났음에도 있지 않은 팔다리의 통증을 호소한다고 한다.
　내가 생각해 오던 것은 이런 것이다. 우리가 현재 가지고 있는 손과 발에 대한 감각은 태어나면서부터 가지고 있던 것은 아니다. 그 감각은 경험적으로 터득한 것이다. 손이란 말을 배워서 손이 되고, 발이란 말을 배워서 발이 되었으며, 그에 대한 감각적인 느낌이 확립된 것이다. 몸의 다른 부분에 대한 것도 마찬가지이며, 이런 식으로 내 몸에 대한 감각을 가지게 되었고 내 몸이 나라는 생각이 뿌리 깊게 박혀 버린 것이다.

그런데 사실상 손과 발을 포함한 내 몸은 감각되는 것일 뿐이다. 눈에 보이니 진짜 있는 것 같고, 만질 수 있고 느낄 수 있으니 진짜로 있는 것이라고 착각하고 있다. 하지만 이 모든 것은 그저 감각일 뿐이다. 감각이 생각을 통하여 내 몸이 되어 버린 것이다.

사고로 손과 발이 없어졌더라도 손과 발이 있을 때의 느낌은 그대로 가지고 있다. 그 느낌은 평생을 동하여 강화됐기에 좀처럼 없앨 수가 없다. 우리가 보통 있다, 없다 할 때는 감각을 통해서 있고 없고를 구분하는 것이다. 감각이 되면 있는 것이고 감각되지 않으면 없는 것이다. 그런데 실상은 감각보다 더 중요한 역할을 하는 것이 생각이다. 감각되지 않더라도 생각이 감각을 만들어 낼 수 있기 때문이다.

절단된 손과 발에서 느끼는 통증은 생각이다. 손과 발이 달려 있는 '느낌'이 살아 있기에, 손과 발이 달려 있는 것으로 착각하며 그 또한 생각일 뿐이다. 모든 착각은 내 몸이 나라고 하는 생각으로부터 비롯된다.

12. 꿈과 현실

　살면서 무수한 꿈을 꾸었다. 하지만 지금까지 기억에 남는 것은 몇 손가락으로 셀 수 있을 정도밖에 되지 않는다. 아침에 눈을 뜨자마자 기억해 두려고 일부러 기억 속에 저장하더라도 당일 오후를 넘기지 못하고 스러져 버린다. 존경해 마지않는 정신과 의사 칼 융은 모든 꿈에서 의미와 메시지를 분석해 낸다. 하지만 우리는 보통 꿈을 꾸고는 그냥 잊어버린다.
　지나온 과거를 돌이켜 보면 과연 꿈과 유사하다는 것을 알 수 있다. 어린 시절을 돌이켜 보면 기억이 날 듯 말 듯 어슴푸레하다. 아주 오랜 옛날도 그렇고 바로 지나친 어제도 때로는 그렇다.
　물론 젊었을 때는 가까운 과거가 더욱 선명했던 것이 사실이다. 군대를 갔다 온 남자들은 주된 화제가 군대 생활이고 그 이야기를 통해 동질감을 느끼며 쉽게 친해지기도 한다. 그러나 가만히 돌이켜 보면, 훈련받으며 정말 견디기 힘들었던 일들도 지금은 그때가 실제로 있었는가 할 만큼 기억은 희미하기만 하다. 꿈을 꾼 것과 아주 흡사한 것을 알 수 있다.

장자는 〈제물론〉 2편에서 꿈에 대해서 말하고 있다. 꿈을 꾸었는데 그 속에서 자신이 나비가 되어 훨훨 날아다녔다. 꿈에서 깨고 나서는 자신이 나비의 꿈을 꾸었는지 아니면 지금의 자신은 나비가 꿈을 꾸고 있는 것인지 모르겠다는 것이다.

아는 소수의 사람은 우리가 사는 이 현실 세계가 꿈과 하나 다를 것 없이 같은 것이라고 말하고 있다. 물론 대다수 사람은 빈빅힐 수밖에 없다. 우리가 보고 듣고 만질 수 있는 이 현실은 한치도 부정할 수 없는 실체인데 제정신을 가진 사람이라면 어떻게 그것을 환상인 꿈과 같다고 한단 말인가?

앞에서 라마나 마하르쉬를 소개하였는데 그분은 우리의 의식 상태를 셋으로 구분하였다. 깨어 있는 현재의 의식, 꿈을 꾸고 있을 때의 의식과 꿈도 꾸지 않고 자고 있을 때의 의식이 그것이다. 꿈도 꾸지 않고 자고 있을 때의 의식이 우리의 본연의 의식 상태이며 그 상태가 우리가 본연의 '나'로서 '존재하는' 상태이고, 다른 두 가지는 본연의 내가 아닌 생각일 뿐인 자아가 생겨나 발생하는 사고 작용이라고 설명한다. 따라서 우리가 실제라고 하는 현실과 꿈은 동일하게 사고의 작용이라고 하는 것이다. 믿거나 말거나 한 말 같지만, 다시금 한번 깊이 궁구해 보아야 할 것이다.

 우리는 영화관에 가서 스크린에 비추어진 영화를 아주 실감이 나게 감상한다. 사실상 영화의 화면은 하얀 스크린에 비추어진 빛일 뿐이다. 우리는 시각과 청각이라는 감각 기능을 사용하여 흰 스크린 위에 비추어진 빛을 느끼며 실감이 나게 영화에 몰입한다.

 현실 세계를 돌이켜 보자. 우리가 사는 현실 세계에서 우리는 몇 가지의 남은 감각 기관을 전부 사용한다. 후각, 미각, 촉각을 모두 사용하여 완전무결한 입체감을 가지고 현실의 모든 대상을 대한다. 모든 대상은 영화의 화면이 스크린에 나타나듯 우리가 완전한 입체감을 가지고 느낄 수 있도록 비어 있는 공간에 모습을 드러낸다. 라마나 마하르쉬는 이 비어 있는 공간을 영화의 스크린에 해당하는 것으로 비유하며 시간과 공간 이전인 '참나'라고 말하고 있다. 입체감을 가지고 눈앞에 나타나는 모양에 대하여는 홀로그램을 들어 생각해 보면 더욱 이해가 쉬울 듯하며 기술이 한없이 발전한 미래의 홀로그램 기술을 그려 보면 더 현실에 가깝지 않을까 한다.

우리는 앞에 있는 물체를 보고 손으로 만질 수 있으니 실제로 존재하는 실재라고 한다. 그러나 엄밀히 따져 보면 보고 만지는 것은 감각일 뿐이다. 감각이란 사실상 사유 작용이라고도 할 수 있는데 사유 작용이란 옳기만 한 것은 아니고 항상 오류의 여지가 있다. 있어도 보지 못할 때도 있고 보아도 보지 못할 때가 있는가 하면, 없어도 보는 때도 있음이 그것을 증명해 준다.

　불가에서는 일체가 공하다고 한다. 모든 것이 실체가 있는 것이 아니라 그저 그렇게 감각될 뿐이니 그렇다고 하는 것이다. 우리의 꿈이 실체가 아니듯 우리가 사는 현실도 실체가 아니라 꿈과 같다면 진정한 실체는 무엇인지 알아보아야 하지 않을까?

13. 그랜드 티톤에서의 캠핑

코비드가 한참 기승을 부리던 여름 세탁소 손님도 없고 하여 옐로우 스톤 국립공원으로 여행을 떠났다. 당초는 바로 밑에 있는 그랜드 티톤 국립공원을 가려 했으나 가까이 있으니 옐로우 스톤으로 가자는 집사람 의견을 따랐다. 사실 옐로우 스톤은 전에도 가 본 적이 있는 곳이다. 갑자기 결정한 일이라 숙박시설을 구하려 했으나 여의치 않아 캠핑하기로 하고 장소를 알아보던 중 아주 운이 좋게도 그랜드 티톤 국립공원에 캠핑할 장소를 구할 수가 있었다.

그랜드 티톤은 예전에 한번 멀리서 그 풍광을 보고 지나친 적이 있었는데, 첫눈에 반해 꼭 한번 가 보고 싶었던 곳이었다. 오래전 한국에서 월출산을 지나면서 보고 반했던 것과 전적으로 같다. 그 캠핑장은 공원 북쪽 끝에 있는 곳이라 10분이면 옐로우 스톤 남쪽 입구까지 갈 수 있는 곳이었다. 첫날 도착해서 텐트를 치고 자고, 이튿날 옐로우 스톤을 왼쪽에서 오른쪽으로 한 바퀴를 돌고 텐트로 돌아왔다. 전에 갔을 때는 이전 큰 화재로 검게 그을린 모습만 보았는데, 이번엔 화재의 흔적은 전혀 볼 수 없이 푸른 숲으로 덮여 있었다.

한여름이었는데도 밤에는 말할 수 없이 추웠다. 추워서 잠은 자는 둥 마는 둥 하다가 새벽이 되어서야 비몽사몽 간에 잠깐 눈을 붙일 수가 있었다. 아직 밖이 컴컴할 때 눈을 떴는데 머릿속이 텅 빈 것 같았다. 텐트 속에 누워 있는 것은 알겠는데 갑자기 내가 사는 곳을 생각하려 하니 어디인지 도무지 생각이 나지를 않는 것이다. 아직 치매가 온 것은 아닐 텐데 무려 10여 분 동안을 내가 사는 곳을 떠올리려 애썼는데 생각이 나지를 않았다. 그러던 중 문득 내 현주소지의 앞자리 숫자가 한자씩 떠오르기 시작했다. (미국의 주소는 번지수가 먼저 나온다) 마치 구글 맵에서 숫자를 입력하기 시작하면 자동으로 온전한 주소가 뜨듯이 번지수가 머릿속에 떠오르기 시작하면서 온전한 주소를 떠올리게 되어 내가 콜로라도 덴버에 살고 있다는 생각을 할 수 있게 되었다.

이 상황을 경험했다면 아마도 대부분의 나이 든 사람들은 치매에 대한 걱정이 앞설 것이다. 그런데 나는 이 일을 살면서 얻은 아주 귀중한 하나의 체험으로 여기고 있다.

우리는 살아오면서 몸이 곧 나라는 '생각'을 굳게 믿게 되면서 나의 현 위치에 대한 '생각'도 굳어진다. 한 예로 나는 대한민국 서울특별시 종로구 혜화동에 살고 있다고 하자. 그런데 사실은 주소지 하나하나에 붙은 명칭들은 예로부터 사람들이 구분하여 붙여 온 이름들이며 그에 대한 개념과 생각일 뿐이다. 그 이름과 그에 따른 고정된 개념이나 생각이 없는 사람에게는 그의 현 위치는 아무런 의미가 없다. 태어나 아무것도 배우기 전의 유아를 생각해 보면 이해가 될 것이다. 그저 그 자리에 있을 뿐 어디에 있다고 딱히 말할 것이 없다.

우리는 살아가면서 우리보다 앞서 살아온 수많은 사람이 만들어 놓은 개념 없이는 살아갈 수는 없을 것이다. 그런데도 그러한 삶을 살아가는 중에도 그 개념들에 얽매이지 않고 살 수는 없는 것일까? 그 개념들은 우리를 자유롭지 못하게 한다. 또 그 개념들은 모든 사물과 상황을 있는 그대로 받아들이지 못하게 한다. 개념 없이 사는 것만이 행복의 길이다. 개념에 대하여는 별도의 장에서 다시 얘기하도록 하겠다.

14. 크루즈 여행

    수년 전에 LA에 사는 고교 동창생들과 생전 처음으로 멕시코로 짧은 크루즈 여행을 다녀 왔다. 상당히 많은 동창생이 LA에 살고 있는데 10여 명이 환갑 기념으로 함께 간 것이다.
    나는 덴버에 살고 있으니 LA까지 비행기로 이동하여 롱비치 항에서 함께 크루즈선을 타게 되었다. LA까지는 여러 번 비행기로 간 적이 있었지만, 이번에는 더욱 가볍고 설레는 마음으로 비행기에 올랐다. 가면서 유타주를 지나게 되는데 이번에는 전과 달리 아래를 더 잘 내려다보는 기회를 얻었다. 아래 도로가 보이고 지나다니는 차들이 보이는데 마치 개미가 기어 다니는 것처럼 보이는 것은 항상 보던 모습이었다. 인적이 전혀 없는 곳을 지나가면서는 땅 위에 파인 거대하고 깊은 골이 길게 이어진 것을 볼 수 있었다.
    유타주는 바로 애리조나주를 연해 있는데 애리조나주는 그 유명한 그랜드 캐니언이 있는 곳이다.

비행기에서 내려다본 지형은 바로 그랜드 캐니언과 유사한 지형으로 그 옛날 그것이 형성되던 시기 흐르던 거대한 물의 상류 지역이었을 것이다. 그것을 내려다보고 있노라니 마치 내가 그 당시의 물의 흐름을 보고 있는 듯한 착각을 할 정도였다. 사실인지 아닌지는 모르겠으나 그랜드 캐니언이 형성된 것은 성경에서 말하는 노아의 방주 시대의 물이 빠지면서였다는 설명을 들은 적이 있다. 따라서 나는 마치 그 시대에 있던 물의 흐름을 위에서 보고 있는 듯한 느낌을 받았다.

롱비치 항에서 크루즈선을 처음 보았는데 그 크기를 보고서는 너무나 놀랐다. 바닷가에 살아 본 일이 없어 큰 배를 볼 기회가 없었는데 가까이에서 처음 본 배의 크기는 상상을 초월했다. 나중에 들은 바로는 내가 탄 그 배는 크루즈선 중에서도 규모가 작은 것이라고 하니 더욱 놀라웠다. 배 안에는 아마도 5층까지 엘리베이터가 있었던 것으로 기억된다. 가장 아래층에 있는 방을 배정받아 첫날 자리에 누웠는데 여러 가지 생각들이 머릿속을 스쳐 지나갔다.

전날 비행기에서 개미만 하게 내려다보이던 차들이 생각났고, 그와 반대로 엄청난 크기로 눈앞에 다가왔던 크루즈선의 모습이 떠올랐다. 그 큰 배의 바닥에 누워 있다고 생각을 하면서 내가 타고 있는 큰 배가 개미만 하게 보이는 모습을 상상해 보았다. 개미만 한 배의 모습은 쉽사리 상상되었는데 그 개미만 한 배의 밑바닥에 누워 있는 나의 모습은 아무리 상상하려 해도 상상이 되질 않았다. 어찌하여 조그마하게 보이는 배의 모습은 상상이 되는데 그 안에 있는 나의 모습은 상상이 되지를 않는 것일까?

상상이란 내가 중심이 되어 어떤 대상에 대해 생각하는 것인데 우리는 항상 내 몸을 기준으로 하여 바깥의 대상을 보아 왔고, 상상을 해도 바깥의 그 대상에 대해 상상을 하는 것이 전부였다. 따라서 나 자신이 상상의 대상이 되는 것은 해보지 않던 일이라 힘들 수밖에는 없는 것 같다.

이 글을 쓰고 있는 요즈음도 어느 곳에 있든지 가끔 아주 높은 곳에서 아래 있는 나의 모습을 내려다보는 상상을 해 보지만 잘 되지를 않는다. 높은 곳이 아니더라도 내가 나의 현재의 모습을 객관적으로 관찰할 수만 있다면 우리의 삶은 지금과는 전혀 다른 것이 될 것이다.

15. 카지노에서

  미국에 오면 누구나 라스베이거스를 한 번씩은 구경을 간다. 긍정적인 의미는 아니지만 라스베이거스는 정말 상상을 초월하는 도시이다. 다운타운에 들어서면 길을 따라 즐비하게 늘어서 있는 호텔들이 화려하기만 하다. 한국에서 호텔을 들어서면 밝고 널찍한 로비로 들어서게 되지만 여기서는 들어가면 바로 어두침침하고 요란스러운 카지노다. 말할 수도 없이 큰 방에는 수도 없이 많은 기계가 번쩍번쩍 돌아가고 기계에서 나는 소음이 귀를 가득 채운다. 그 큰 방바닥에는 화려한 카펫이 끝도 없이 깔려 있어 놀라움을 금치 못한다.
  가까운 친척이 라스베이거스에 살고 있어 여러 차례 가 보았지만 나는 어떤 게임이고 전혀 손댈 생각을 하질 않는다. 재미도 느끼지 못하겠거니와 당연히 카지노 측에 돈을 잃을 것이 너무도 뻔하기 때문이다. 기계들이 쭈욱)죽 늘어선 곳을 지나서 안으로 한참 들어가면 딜러를 가운데 두고 수도 없이 많은 그룹의 사람들이 카드 게임을 즐긴다.

여기서 하려는 얘기는 그 딜러에 대한 것이다. 호텔 로비를 가려면 그곳을 지날 때가 많은데, 게임에 열중하고 있는 딜러들을 볼 때마다 뭔지 알 수 없는 야릇한 느낌을 받곤 했다. 몇 차례고 그런 느낌을 받다가 돌이켜 보니 예전에도 가져 봤던 느낌이라는 생각이 들었다. 한국에 있을 때 백화점에서 의류 파는 층을 가면 마네킹이 즐비하게 서 있는데 바로 마네킹 앞을 지날 때 느꼈던 바로 그것이었다.

마네킹에서 왜 이상한 느낌이 들었을까 생각해 보면, 그 모습은 사람의 모습인데 사람에게서 느낄 수 있는 그 무엇이 없기 때문이라는 것을 알 수 있다. 그 무엇은 바로 살아 있는 기운이다. 그러면 살아 움직이는 카지노 딜러에게서는 무엇이 빠진 느낌일까? 승패가 걸린 게임에 모든 정신을 모아 집중하고 있는 딜러에게서는 혼이 빠져 있는 것처럼 보인다. 생기가 없으니 당연히 혼이 없는 마네킹과 혼이 빠져 있는 것처럼 보이는 카지노 딜러는 별반 차이가 없어 보인다.

사람의 혼은 그 사람의 마음이 가는 곳에 있게 된다. 아니, 사실상 인간 존재의 실상은 마음이며 마음이 곧 혼이라고도 할 수 있다. 사람의 마음은 내 가슴 안에 있는 것이 아니다. 마음은 내 몸 안팎의 구애를 받지 않고 시공을 초월하여 범

우주적으로 존재하는데 거기에 인간의 위대함이 있다. 그토록 위대한 인간이 한낱 카드 게임의 승부 그 자체로 작아진다는 것은 더없는 비극이다.

 이러한 현상은 비단 카지노 딜러에게만 국한되는 것이 아니다. 요즈음 너무나 빠르게 변화하는 환경 속에서 살아가고 있는 현대인들은 너무나 정신 쓸 곳이 많고 거기에다 모든 기운을 다 쏟아야 하는 경우가 많다. 이럴 때일수록 우리는 정신의 중심을 잡고 밖으로만 쏠려 작아지려는 마음을 온전히 지켜야 할 것이다.

16. 골프

    1996년도 미국으로 이주하기 전 한국에서 골프는 아주 부자들이나 하는 운동이었다. 그런데 미국에 와서 보니 한인 중에서도 상당히 많은 사람이 골프를 즐기고 있었다. 요즘에는 한국에서도 골프가 많이 대중화되어 많은 사람이 즐기는 것으로 알고 있다. 골프를 치는 사람들은 보이기만 하면 골프 이야기를 하므로 골프를 치지 않는 사람은 같이 있기가 불편해져 자리를 뜰 수밖에는 없는 상황이다. 그래서 나는 내가 직접 골프를 치기 전까지는 골프 치는 사람들에 대해서는 좋지 않은 편견을 가지고 있었다.

    어느 날은 LA 그리피스 천문대를 구경하고 산을 거의 내려왔을 때 저녁 무렵이었는데 길옆의 골프장 그린에서 퍼팅하고 있는 사람들을 보았다. '저 사람들은 나이가 들어서 왜 저 짓을 하고 있을까? 나는 어렸을 때 구슬치기 하면서 구멍에 구슬을 넣는 것을 싫증이 나도록 해 보았는데…' 하는 생각을 한 적이 있다.

　지금으로부터 십여 년 전 덴버에 사는 고교 선배의 줄기찬 권유로 골프를 시작하게 되었다. 내가 마음을 바꿔 골프를 치려고 한 데에는 이유가 있었다. 검증된 바는 없으나 어렸을 때부터 운동신경이라면 남들보다 낫다고 하는 은근한 자부심을 평생토록 느끼고 살아왔는데 너도나도 골프를 친다고들 하는 것이 좀 우습게 보였다. 또 한가지 이유는 골프 치는 모든 사람이 왜 그렇게 골프에 빠지는지 직접 이유를 알아보고 싶은 마음이 있었다. 마침 그때 지인이 골프를 쳐 보라고 자기가 치던 골프 세트를 주었다.

　비디오를 보면서 혼자서 배우고 연습했는데 별로 어려울 것도 없어 보였다. 얼마 되지 않아 선배를 따라 골프코스에 가서 18홀을 돌면서 점차 골프에 빠져 갔다. 왜 사람들이 골프를 치기만 하면 빠져 버리는지 그 이유도 나름대로 정리가 되었다.

　우리는 살면서 기쁘고 행복하기를 원하는데 삶은 항상 문제투성이고 걱정은 그치지를 않는다. 왜냐하면, 우리의 자아가 끊임없이 생각을 지속하면서 생각 속의 과거와 미래를 통하여 불만과 근심 걱정을 지어내기 때문이다. 완전한 행복의 길은 자아를 잊고 자아가 지어내는 생각을 그치는 이외에는 방법이 없다. 그런데 골프를 치는 사람이 골프채를 휘둘러 공을 치는 바로 그 순간 아주 짧은 찰나에 자기도 모르게 자기 자신을 잊게 되는 것이다. 마치 불교의 선사가 자기 자신의 본바탕을 보게 되며 깨달음을 얻는 것과 흡사한 경험을 자신도 모르게 극히 순간적으로 하게 되는 것이다. 그리하여 자기도 모르는 사이에 자기를 잊는 진정한 행복감을 맛보고는 그에 탐닉하며 빠지게 되는 것이다.

이는 비단 골프에만 국한되어 일어나는 일은 아니다. 스피드광이 속도에 탐닉하는 것, 암벽 등반가가 암벽등반에 탐닉하는 것, 기타 목숨을 건 위험한 모험을 즐기는 것은 물론 알코올 중독자나 여타의 다른 중독들도 모두 같은 현상으로 볼 수 있다.

10년 이상 골프를 쳐 오고 있는데 처음 만만하게 대하던 마음은 사라지고 더욱 겸허한 마음을 가지게 되었다. 우선은 모든 스윙을 할 때 몸의 힘이 완전히 빠져야 한다는 것을 알게 되었다. 게임 중에는 항상 깨어 있으면서 스윙할 때 힘이 빠져 있는지 확인하고, 자기 마음 상태가 어떠한 감정에도 동요되지 않는 평정 상태에 있는지를 예민하게 관찰하고 있어야 한다는 것도 깨닫게 되었다. 말하자면 명상하고 있는 것과 같은 상태를 유지할 수 있어야 한다.

골프를 치게 되면서 터득하게 된 것이 있다. 세상을 힘들지 않게, 보다 행복하게 살아가기 위해서는 나에게 잔뜩 들어가 있는 힘을 빼야 한다는 것이다. 이는 살아가는 모든 일에 해당하는 것이니, 생각에 힘이 빠지면 더욱 유연한 사고를 할 수 있을 것이고, 인간관계에서 힘이 빠지면 사람들과 좋은 관계를 맺게 될 것이며, 일하는 데 힘을 빼면 모든 것이 물 흘러가듯이 순리대로 이루어지게 될 터이다.

17. 너 자신을 알라

　얼마 전 나훈아의 '테스형' 노래가 발표되어 엄청난 인기를 누렸다. 대중가요로서 참으로 대단한 발상의 가사였다. 처음 들었을 때 차마 소크라테스를 형이라고 부르는 것이라고는 상상도 할 수 없었다. 감히 소크라테스를 형이라고 부르는 사람은 아마도 세상에 없을 것이다.
　초등학교 때부터 소크라테스에 대하여 배웠다. 4대 성인 중의 한 사람이라고 해서 외워야 했다. 그런데 정작 그에 대하여 배운 것은 아무것도 없었다. '너 자신을 알라'는 말도 그때부터 함께 배웠지만, 그 말이 무슨 말인지는 원래의 뜻과는 전혀 다른 것으로 배우고 그렇게 알아 왔다.
　만약 우리가 배운 대로, 이해하는 바대로 그가 말했다면 그가 4대 성인의 반열에 오르지는 않았을 것이다. 너 자신이라는 것은 우리의 진정한 정체성을 말하는 것이다. '너 자신을 알라'는 말은 불교의 선사가 "너는 누구냐?" 하고 묻는 것과 같은 말이다.

　우리는 누구나 자기 자신에 대한 개념을 가지고 있다. 그 개념은 어렸을 때와 성장했을 때가 다르고 세월에 따라 계속 변해간다. 그 개념이란 생각일 뿐이며 기억의 집적물일 뿐으로 실체가 있는 것이 아니다. 그러면 소크라테스가 말하는 너 자신이란 무엇일까? 그것은 생각이나 기억 덩어리의 내가 아니라 나의 존재 그 자체를 말하는 것이다. 생각이 아니라, 생각을 하는 주체인 그 무엇을 일컫는 것이다. 나의 존재감 그 자체가 '나'인 것이다.

　존재감이라는 말은 아주 적절하다. 왜냐하면, 존재감이란 시간과 공간 안에 있으면서 그에 구애받는 것이 아니므로 그러하다. 진짜 나라는 것은 시공을 초월해 그냥 있는 그것이다. 그 '나'는 사랑 그 자체이며, 앎 그 자체이며, 기쁨 그 자체이다.

　우리는 내 몸이 나라고 하는 생각을 굳게 믿어 오고 있다. 그러나 그것은 생각이며 믿음일 뿐이다. 우리는 이런저런 사이비 종교를 믿는 사람들을 보고 그들의 믿음을 힐난한다. 그런데 우리는 원초적으로 내 몸이 나라고 하는 잘못된 믿음을 신봉하고 있다. 소크라테스는 이런 우리를 일깨워 주기 위해 "너 자신을 알라!"고 외친 것이다.

18. 천상천하 유아독존

 '천상천하 유아독존'이라는 말은 중학교 때로부터 줄곧 들어오던 말인데 웬만큼 나이가 들고부터는 그저 개인의 자존감을 고취하는 말 정도로 이해해 왔다. 그런데 나이가 노년으로 접어들어선 지금은 그 말의 어마어마한 의미가 새롭게 다가와 그에 대해 말해 보려고 한다.

 말 그대로 해석하면, 이 세상에서 오직 나만이 존귀하다는 뜻인데 여기에서 의미가 달라지는 것은 바로 '나'에 대한 해석에 있다. '나'를 보통의 모든 사람이 생각하는 나로 이해하면 개인의 자존감을 일깨우는 정도로밖에 받아들여지지 않는다. 그러나 부처님이 말씀하신 '나'는 그런 개념이 아니라 '참나'를 말씀하신 것이다. '참나'란 나의 눈에 보이는 내가 아닌 본연의 나를 말한다. '본연의 나'란 바로 눈에 보이는 나를 보는 주체를 말하는 것이다. 그 주체란 빛과 유사한 속성의 의식을 말하는데 이 의식은 어디에 있다 할 것 없이 온 우주에 가득

차 있는 것이다. 또 이 의식의 속성은 사랑이자, 앎 그 자체이며 그로부터 눈에 보이거나 보이지 않는 모든 것들이 드러나는 바탕이다. 세상에 오직 그것만이 존재하고, 그것만이 존귀한 까닭이다.

여기에 '나'의 존귀함이 있다. '나'는 본질상 우주 끝까지 맞닿아 있다. 아니, 사실상 우주 그 자체이다. '나'는 시간 속에서 생겨난 것이 아니고 처음부터 그냥 있는 영원한 존재이다. 사람들은 이 영원한 존재인 '나'를 내 몸이라고 여김으로써 잠시 이 땅에서 살다가는 죽을 수밖에 없는 유한한 존재로 전락시켜 버렸다. 참으로 딱하기 그지없는 일이다.

모든 사람의 본체는 같은 하나의 '참나'이며 비교하자면 바다와 같다고 할 것이다. 바다에는 항상 수없이 많은 물결이 일고 있는데, 이 물결 하나하나를 각각의 사람이라고 하면 바다를 '참나'라고 할 수 있겠다. 모든 물결은 바닷물로부터 생겨나는데 하나의 물결 자체가 사실은 바다이다.

사람뿐만이 아니다. 세상에 존재하는 모든 것들은 바다의 물결과 같은 것으로 바다로부터 생겨 난 것이다. 따라서 우리는 너나 할 것 없이 하나이다.

우리의 몸은 아주 길어야 백 년 정도 이 세상에 있다가 사라지지만 우리의 본체는 몸을 따라 사라지는 것이 아니다. 살아서 우리가 해야 할 가장 중요한 일은 내가 누구인가 찾고 알아내는 일이다. 그것이야말로 우리가 살아가는 의미이자 목적이다. 우리보다 앞서 살아온 선인들은 이미 그것을 알아내어 우리에게 제시하고 있다. 부처님은 그것을 '천상천하 유아독존'이라고 설하고 계신 것이다.

19. 회광반조(回光返照)

　회광반조(回光返照)는 '빛을 돌려 거꾸로 비춘다'라는 뜻인데 밖으로 향하는 마음을 돌이켜 안으로 향하게 하여 내면을 비추어 본다는 의미이다. 받아들이기에 따라 어렵기도 하고 쉽기도 한 말이지만 그 진정한 의미를 이해하기는 쉽지 않을 것이다. 나름대로 내가 이해한 바를 피력해 보고자 한다.
　우리의 삶은 모든 것이 감각이다. 삶에 있어서 감각이 개입되지 않은 것은 없다는 말이다. 우리는 오감을 통해 외부의 대상을 받아들인다. 보는 것을 들어 말하자면, 우리는 눈이라는 감각 기관을 통해 외부의 사물을 인식하고 그것이 실재하는 것으로 파악한다. 사람들은 인식하고 파악하는 것은 뇌라고 굳게 믿고 있다. 하지만 여기에서 모든 오류가 시작하게 되는 것이다. 뇌는 컴퓨터로 치자면 하드웨어일 뿐이다. 인식의 주체는 뇌가 아니라 몸과 별개인 '의식'인 것이다.
　이 '의식'을 '참나'라 하기도 하고 순수의식, 신성 또는 불성이라고도 한다고 다른 장에서 이미 말하였다. 우리가 무엇을 볼 때 눈과 뇌는 그 '의식'이 무엇을 감지할 수 있게끔 하는 작용을 할 뿐이다. 이 '의식'은 시공을 초월하여 존재하며 결코 내 몸 안에 있는 것이 아니다.

우리가 눈앞에 서 있는 한 그루의 나무를 볼 때, 주체인 의식보다도 객체인 나무쪽으로 관심이 더 쏠리게 되면, 우리는 그 나무에 대하여 당초 있지도 않은 의미를 부여하게 되며 그에 따라 나무의 실재성이 강화되도록 한다. 대상인 나무의 실재성이 강화되는 바로 그 순간에 그와 상대성을 가진, 나무를 보는 별개의 '나'가 생겨난다. 이 '나'는 실제로 존재하는 것이 아닌 가상의 것인데 내 몸과 동일시 된다. 이 '나'는 앞에서 말한 '의식'과는 전혀 별개의 것이다.

이해가 쉽도록 일상의 경험을 이야기해 보기로 하자. 우리가 차를 운전하며 교차로에 서 있다고 하자. 파란 불로 바뀌기를 기다리며 서 있는 동안 앞으로는 수많은 차가 좌우로 지나간다. 그 차들은 나에게 아무 의미가 없는 것으로 마치 무심코 보는 TV 영상과 다름이 없다. 그런데 지나가는 차에 마침 아는 사람이 타고 있는 것으로 보인다면 관심을 집중해서 보려고 힘쓸 것이다. 무심코 있을 때는 그냥 앞에서 말한 '의식'이 보는 주체였는데, 관심을 그 차에 집중하는 순간 그 차는 의미와 실재성을 동시에 가지게 되며 그것을 보는 것은 '의식'이 아닌 가상의 '나'가 되어 버리는 것이다.

무심코라는 말을 우리는 일상에서 자주 사용한다. 그런데 이 말이 불교의 선사들이 말하는 '무심'과 같거나 아니면 일맥상통한다는 생각을 해 보았는가? 이것은 같은 말이다. 우리가 무심코 무슨 생각이 들거나 무슨 일을 할 때는 '나'라는 개념이 일어나지 않은 상태이다. 이것을 깊이 생각해 보면 아마도 커다란 깨우침이 있지 않을까 한다.

'의식'이 주체일 때는 감각의 대상과 '나'의 구별이 없다. 아니 가상의 '나'는 존재조차 하지 않는다. '의식'만이 있을 뿐이며 모든 감각의 대상은 앞에서 말한 TV 영상과 같아 우리가 대상에 연연하며 집착할 아무런 것이 없다. 대상에 집착하지 않을 때 우리는 모든 대상을 있는 그대로 받아들일 수 있으며 진정으로 자유로울 수가 있다.

회광반조란, 감각 대상에게로 집중되는 관심을 전적으로 인식의 주체인 '의식'에 둠으로써 대상과 '나'가 분리되지 않도록 하여 여여한 상태로 자유를 누리자는 것이다.

20. 일체유심조(一切唯心造)

　고등학교 시절 교복을 입었는데 카라에는 학교 표시와 학년 표시 배지를 달게 되어 있었다. 그 시절 1년 위의 선배는 군대의 상급자 못지않은 어려운 존재였다. 그래서 어디를 가든 항상 마주치는 상대의 학년 표시에 눈이 갔다. 그런데 이상한 것은 바로 위 학년이 유달리 많이 보였다는 것이다.
　그 후 오랜 세월이 지나 차를 사려고 마음먹고 차종을 고르려 할 때, 길을 가노라면 이상하게도 사려고 마음먹고 있는 차들만 많이 눈에 들어오는 것이었다. 좀 이상하다는 생각을 하며 그냥 마음에 담아 두고 있었다.
　이후 '일체유심조(一切唯心造)'라는 말을 듣고 그것이 무슨 말일까 하고 오랫동안을 알아보려 했었는데, 이것이 앞에서 내가 느꼈던 것과 일말의 연결이 있는 것이 아닐까 하는 생각을 하게 되었다. 오랜 궁리 끝에 '일체유심조'에 대하여 나름의 정리를 해 보았다.

앞에서 몸이 내가 아니라는 나름의 설명을 해 보았고, 양자역학의 장에서 전자의 성질에 대하여 알아보았다. 전자는 관찰자의 생각에 따라 반응한다는 것이 과학이 발견한 엄연한 사실이라고 하였다. 전자의 파동성을 불교의 공 사상과 연결하여 설명도 해 보았다. 전자가 모든 물질의 기본이 된다고 할 때 세상은 전자의 파장성에 따라 파장 상태로서 '공'한 상태에 있다고 할 수 있다. 이 상태에서 관찰자인 사람이 감각기관을 통하여 느끼는 그 순간 전자는 입자 상태로 자신을 드러낸다. 전자가 입자 상태로 자신을 드러내는 찰나에 '공'은 즉시 '색'으로 화하는 것이며 세상이 실제화되어 나타난다. 이 일련의 과정을 '일체유심조'라고 이해했다.

우리가 눈을 뜨면 앞에 나타나는 세상에 대하여 말해 보려고 한다. 눈만 뜨면 세상이 앞에 드러난다. 앞에 있는 것만이 보이지만 생각을 하면 멀리 떨어져 계신 어머니도 생각이 나고 친구도 생각이 난다. 어머니나 어떤 친구 생각을 할 때는 그 외의 다른 친구에 대하여는 생각하지 않는다. 그러다가 다른 친구를 생각할 때면 어머니나 먼저의 친구는 생각 밖으로 밀려난다. 이에 대하여 다음과 같은 생각을 해보았다.

컴퓨터를 이용할 때 우리는 윈도라는 운영 시스템을 사용한다. 한 개의 화면에는 여러 개의 창을 열 수 있으며 각각의 창에서 작업할 수 있다. 우리의 마음이 그와 같지 않을까 한다. 어머니를 생각할 때에는 어머니가 들어가 계신 마음의 창이 열리며 그 세계가 존재하게 되고, 특정의 친구를 생각할 때는 그 친구가 들어 있는 마음의 창이 열리며 그 세계가 실존하게 된다. 열릴 수 있는 창의 수는 무한대이며 열리고 있지 않은 각각의 세계는 가능성으로서만 존재한다.

바로 앞에서 말한 그것처럼 우리가 어떤 생각을 하여 그 창이 열리면서 그 세계가 실존하게 되는 것을 '일체유심조'로 이해해 보았다. 모든 깃은 마음이 짓는 것이라고.

제4장
마무리

1. 이기론

　이기일원론(理氣一元論)이니 이원론(二元論)이니 하는 것은 중학교 도덕 시간에 처음 들어보았다. 시험 보기 위해서 율곡인지 퇴계인지 열심히 외워야 했다. 대학에서 교양과목으로 유학을 배웠는데 거기에서 '이기(理氣)'에 대해 들어 볼 기회는 없었다.

　그로부터 한 30년쯤 지난 후 관심이 가서 나름대로 책도 읽고 정리를 해 보았다. '이(理)'란 세상 모든 것이 돌아가는 이치를 말하는 것이다. '무극'에서 '태극'으로, 다시 '이(理)'와 '기(氣)'로 분화하는 것조차도 '이'에 따른 것이라고 할 수 있다. 그렇게 되게 되어 있으니 그렇게 되는 것이다. 그렇게 되도록 되어 있는 그것을 일컬어 '이'라 하는 것이다. 과학자들은 '이'를 과학 법칙이라고 하고, 기독교인들은 이것을 하느님의 말씀이라고, 불교에서는 연기라고 말하고 있다. 모두가 같은 것을 자기식으로 달리 말하는 것이다.

그러면 '기(氣)'란 무엇인가? 이치에 따라 모든 것이 돌아가기 위해서는 에너지가 필요한데 이 에너지를 일컬어 '기'라고 하는 것이다. 한자의 기운 기자가 들어간 모든 단어에서 기란 이 에너지를 말하는 것이다.

쉽게 컴퓨터를 들어 설명해 보기로 하겠다. 컴퓨터가 작동하기 위하여는 먼저 프로그램이 있어야 한다. 그러나 프로그램만 있다고 컴퓨터가 작동하지는 않는다. 프로그램을 돌릴 수 있는 용량의 컴퓨터 하드웨어가 있어야 하고 전원이 연결되어 있어야 한다. 여기에서 프로그램이란 '이'를 말하는 것이며 흐르는 전기 에너지를 '기'라 하는 것이다.

세상의 모든 일은 그렇게 되게끔 되어 있으므로 그렇게 되는 것이다. 지구가 자전하고, 달이 지구를 돌고, 지구가 태양을 도는 것이 그러하다. 또 도는 데에는 반드시 에너지가 들어가게 되어 있다. 사람이 태어나서 자라고 병들고 늙어서 죽는 것이 그러하다.

그러한 '이'와 '기'는 어느 것이 먼저랄 것이 없다. 사람들이 분별심을 가지고 '이'와 '기'를 가르고, 어느 것이 먼저냐고 다툴 뿐이다. 기독교에서는 '삼위일체론'을 교리로 삼고 있는데 성부, 성자, 성령이 위는 다르지만 하나라는 것이다. '이(理)'

와 '기(氣)'도 마찬가지이다.

　나는 감히 말씀인 성부가 '이'이며 성령이 '기'라고 말한다. 둘은 서로 맞물려 있는 하나라고 해야 할 것이다.

2. 원죄론

　기독교에서 원죄와 그로부터의 구원은 아마도 교리의 핵심이 아닐까 한다. 구약성경 창세기에 따르면 인류의 조상인 아담과 하와는 에덴동산에서 하느님의 지복(至福) 속에서 더없이 행복하게 지냈다. 그러던 중 뱀의 유혹에 넘어가 하느님의 말씀을 거역하고 따먹으면 안 된다고 한 '선악과'의 열매를 따먹음으로써 죄를 짓게 되었고, 그로 인해 죄가 세상에 들어와 모든 인류가 그 죄의 영향 아래서 고통스러운 삶을 살게 되었다는 것이다.
　또 이런 구절이 있으니 아담과 하와는 에덴동산에서 둘 다 알몸이면서도 부끄러워하지 않았다는 것이다. 선악과를 따먹고 나서는 그 둘은 눈이 열려 자기들이 알몸인 것을 알고, 무화과나무 잎을 엮어서 두렁이를 만들어 입었다고 하였다.
　이 내용에 대하여 나의 의견들을 피력해 보고자 한다. 아주 어린 시절 우리는 부모님 밑에서 아무런 걱정이 없었다. 그저 어머니가 밥해 주면 먹고 나가서 노는 것이 일이었다. 부모님과 나는 남이 아니었고 나라는 자의식도 없이 지내다가, 사춘기가 되면서부터 나라는 인식이 힘을 받게 되면서 나는 부모님으로부터 독립된 별개의 존재가 되어 버렸다. 이때부터 여러 가지 걱정거리들이 생기기 시작하여 내가 해결하려고 하니 힘이 들게 되었다.

구약 에덴동산의 얘기와 다소 흡사한 면이 있지 않은가? 나는 선악과를 따먹는 사건을 인간이 처음으로 자의식을 가지게 된 것이라고 본다. 에덴동산에서의 지복(至福)은 우리가 어린 시절 부모님 아래서 걱정이 없듯이 하느님과 내가 따로라는 인식이 티끌만큼도 없이 하나이기 때문에 가능한 것이었다. 그 상태로부터 우리에게는 '나'라고 하는 별개의 개념이 생겨나 하느님으로부터의 분리가 일어나게 된다. '나'라는 개념은 실제로는 존재하지도 않는 생각일 뿐이다. '나'라는 생각은 모든 생각이 그에게서 나오는 기반이며, 그로부터 과거와 미래를 생각하게 되고, '나'에게 이로운지 해가 되는지를 가리게 되는 등 모든 분별이 일어나는 것이다. 이러한 분별이 생겨난 것을 위의 성경 말씀에서는 아담과 하와가 눈이 열려 자기들이 알몸인 줄 알게 되었다고 묘사한 것이다.

이 분별심은 세상의 모든 것을 있는 그대로 보고 받아들이

지 못하고 상대성을 통해서만 인식하도록 한다. 이 상대성으로 인해 우리는 통일된 삶을 살지 못하고 우리의 마음은 항상 분열 상태에 있게 된다. 그러한 삶이 결코 행복할 수 없음에도 우리는 행복을 갈구하며 밖으로만 이런저런 것을 찾아 헤매게 된다.

구원이란 '나'라고 하는 '생각'을 떨쳐 버리는 것이다. 그 생각을 떨쳐 버릴 때만 우리는 그토록 찾아 헤매던 행복 안에 머물 수 있게 될 것이다. 하느님 안에서 하느님과 하나가 될 것이며, 자연과 하나가 될 것이며, 내가 '나'로 거듭날 것이다.

3. 기도 I

    들어가기 전에 먼저 용어를 확실히 하려고 한다. 기도와 명상은 같은 것이다. 젊은 시절 초월명상을 배우며 처음으로 기도를 하게 되었다. 물론 그때에는 명상하면서도 그것이 기도라고는 생각을 하지 못하였다. 앞에서 말했지만, 초월명상은 '만트라'라고 하는 단음절의 소리를 의식에 떠올리는 것이다. 지속해서 그 의식을 떠올리고 있으면 마음이 고요해짐에 따라 그 소리는 점점 작아지고 희미해져 종국에는 의식만이 또렷하게 남게 된다고 하는 것이다.

    이후 단전호흡을 배우러 다녔는데 이번에는 의식을 단전과 호흡에 두는 것이었다. 호흡이 들어왔다가 나갔다가 하는 것을 지켜보는 것으로 단전호흡에서는 호흡이 일종의 만트라 구실을 하는 것을 알 수 있었다.

    이후 천주교에 입교하여 보통 사람들이 기도라고 하는 기도를 하게 되었는데 여기서는 두 종류의 기도를 하고 있었다.

소리 내어 기도문을 외는 것과 소리 내지 않고 마음으로 하는 기도가 그것이다. 천주교에서는 만트라 대신에 하느님 혹은 예수 그리스도가 의식의 대상이 된다. 천주교에서는 또한 묵주기도라는 기도가 있어 묵주를 돌려 가며 성모님을 찬미하는 데 궁극적으로는 하느님이 찬미의 대상이 되는 것이다.

불교의 기도는 해 보지 않았지만, 불교에서도 염주를 굴리며 기도하는 것은 누구나 아는 상식이다. 또 부처님 앞에 절을 하거나 탑을 돌며 기도하기도 하지만 불교에서 가장 훌륭한 기도는 참선일 것이다. 참선 역시 호흡을 의식하는 것이지만 화두선에서는 화두만을 의식의 대상으로 하는 것으로 알고 있다.

오랫동안 이런저런 것들을 해 오면서 알게 된 것은 기도와 명상이 다르지 않으며, 여러 종교나 수행단체에서 하는 기도와 수행 방법은 모두 같다는 것이다. 기도의 궁극적인 목적은 어떠한 수단이든 그것을 통하여 나 자신을 초월하여 초월적인 대상인 '절대'와 하나가 되는 것이다. 그것을 어떠한 이름으로 부르든, 결국 같은 것의 다른 이름이다. 그 목적을 위해 수단으로 이용하는 것이 '만트라'라고 하는 것이며, 어떤 것도 만트라가 될 수 있다. 또 기도의 도구로 사용하는 것이 묵주냐 염주냐의 차이이며, 방법이 호흡이냐 아니면 신에의 헌신이냐 하는 차이일 뿐이다.

 한동안 열심히 등산하며 산을 누비고 다닌 적이 있었다. 등산하면서 발견하게 된 것은 등산할 때는 앉아서 명상할 때와 마음이 유사한 상태가 된다는 것이었다. 그로부터 시작하여 돌아보니 생활 중의 어떤 것을 할 때도 마음을 어떻게 두느냐에 따라 기도 상태가 될 수 있다는 것을 알 수 있었다. 어떤 것을 하더라도 마찬가지이니 걸을 때, 말을 할 때, 남의 말을 들을 때, 운동할 때, 운전할 때 등 모든 경우에 그러하다.

 살아가면서 하는 어떤 것이라도 익숙해지기 위해서는 훈련이 필요하다. 기도 또한 마찬가지이니 습관적으로 항상 그치지 않고 지속하는 생각이 고요해지도록 하는 연습이 필요한 것이다. 그것을 위해서 호흡을 이용하는 것이 아주 좋은 방법이다. 호흡이 들어오고 나가는 것을 조용히 지켜보는 것이다. 우리는 동시에 여러 생각을 한꺼번에 할 수 없다. 따라서 호흡에 신경을 쓰는 동안에는 다른 것에 신경을 쓸 여지가 없게 된다. 물론 항상 다른 생각이 치고 올라와도 그냥 무시해 버리고 호흡에만 관심을 두는 것이다. 하다 보면 요령이 생기고 점점 익숙해질 것이다.

 우리는 살아가면서 여러 가지 스트레스를 받고 있는데 이

스트레스는 만병의 근원이 된다. 스트레스는 마음이 분열되어 있으므로 발생하는데 여러 가지 잡다한 생각들이 우리의 마음을 분열시킨다. 기도는 잡다한 생각을 잠재워 우리 마음의 분열을 막고 하나가 되게 한다.

 마음이 통일되지 않으면 결코 행복할 수 없다. 기도는 특정 종교인만이 하는 것이 아니고 모든 일반인이 더욱 행복한 삶을 위하여 반드시 해야 한다.

4. 기도 II

많은 사람이 기도는 무엇인가를 바라고 소망하는 것으로 생각한다. 아니다, 기도는 존재하는 것이다. 나는 세탁소에서 외롭다는 생각이 들 때마다 길 건너 주택가에 있는 큰 나무들을 바라본다. 어느 날 그 나무들은 온종일 기도를 하고 있다는 것에 생각이 미치게 되었다. 하늘을 향해 가지를 뻗고 비가 오나 눈이 오나 그러고 서 있다. 비를 내려 달라고 하는 것도 아니지만 하늘은 필요한 만큼 알아서 비를 내려 준다.

기도는 연결이다. 라디오가 방송국에서 방출된 전파와 주파수를 맞춰 소리를 내는 것처럼 기도란 무엇인가와의 연결이다. 전파의 주파수가 제대로 맞지 않으면 정확한 소리가 나지 않는 것처럼 연결도 제대로 되어야 한다. 사람들은 그 무엇을 각각 다른 이름으로 부른다. 신 또는 하느님이라고도 하고 부처님이라고도 하고 천지신명이라고도 한다.

많은 경우 그 무엇은 그 무엇이 아니라, 자기가 만든 임의의 어떤 것인 경우가 많다. 그것은 자기가 만든 그 어떤 것이어서는 안되며 그 무엇 그대로이어야 한다.

높은 산에 등산해 보면 알 수 있는데 전화기의 신호가 잡히지 않는 곳에서는 아무리 많이 충전되어 있다 해도 배터리가 금방 달아 버린다. 연결도 되지 않는 연결을 하기 위해 가지고 있는 모든 에너지를 소모해 버리는 것이다. 요즘에는 직접적인 연결 없이도 어떤 범주 안에 있기만 하면 배터리가 저절로 충전되는 기술이 있는 것으로 알고 있다. 기도란 이처럼 충전을 위한 연결이라 하겠다. 연결되면 영적으로 살아 있는 것이고 연결이 끊어지면 영적으로 죽은 것과 같다. 신기하고 고마운 것은 그저 순간의 마음 상태에 따라 연결이 되었다 끊어졌다 한다는 것이다.

요즘 나온 차들은 대부분 계기판에 경제속도를 알리는 푸른 등이 있어 속도에 따라 들어왔다 나갔다 한다. 앞에서 연결이 되었다 끊어졌다 한다고 말한 것이 바로 이와 같다. 마음의 액셀러레이터를 밟기만 하면 연결이 끊어지는 것이다. 마음은 우리가 어디에서 무엇을 하고 있든지 항상 앞에서 말한 그 무엇과의 접속 상태를 유지하고 있어야 한다. 계기판 경제속도의 푸른 불이 들어와 있어야 한다는 말이다. 그런데 마음을 일으켜 다른 데 접속하면 그 무엇과의 연결이 끊어지게 되는 것이다. 물론 고수들이야 어느 쪽에 접속해도 항상 연결되어 있을 수 있겠지만.

자연 상태의 모든 것들은 모두가 기도 상태에 있다. 짐승들이 그러하고 나무들이 그러하고 심지어 길가의 돌 하나가 그러하다. 모든 물질을 안으로 깊숙이 들여다보면 미세 입자들이 서로 균형 상태에서 진동하고 있음을 알 수 있는데, 이 진동 상태를 나는 기도라고 말한다. 아니, 입자가 아닌 파동 상태로서 존재하는 모든 것들은 서로 관통하는 하나인지도 모른다. 기도란 다른 모든 자연과 같이 내가 나로서의 무엇인가를 내려놓고 전체와 하나가 됨을 의미한다. 우리의 손과 발이 제각각이지만 하나의 몸에서 조화롭게 작용하듯이 하나가 되면 개개의 모든 것들은 전체로서 저절로 조화를 이루게 된다.

이 전체로서의 조화를 '도' 또는 '무위'라 하겠다. 무언가를 하되, 하는 '나'라는 자각이 없으니 함이 없다고 하는 것이다. 내가 전체와 하나가 되었을 때 모든 일은 자연에 따라 저절로 이루어질 것이다. '도'란 '완전한 기도 상태를 사는 것'이다. 삶이 그대로 기도이다.

5. 외로움에 대하여

어려서부터 외로움을 많이 탔다. 시골에서 초등학교를 마치고 서울에 올라와 중학교에 입학한 후로는 외로움이 더하였다. 혼자 있는 시간이면 책을 읽거나 팝송을 들으며 시간을 보내는 일이 많았다. 고등학교로 진학한 후에는 친구도 꽤 사귀고 해서 전 같지는 않았지만, 천성이 그런 편인 것 같다. 지금 와서 가만히 살펴보면 다른 친구들에 비해서도 꽤 많은 친구가 있다는 것을 알 수 있음에도 항상 외로움을 많이 느끼는 편이다.

미국에 이민 와서 콜로라도 덴버에서 세탁소를 하게 되었다. 하루하루 새벽 7시부터 일을 시작해서 빨래하고, 옷 다리고, 다린 옷 싸고 하노라면 다른 생각할 겨를이 없다. 그런 일이 끝나면 오는 손님만 받으면 되는데 영세한 세탁소라 손님이 그리 많지 않으니 무료할 때가 많았다. 한동안은 책을 쌓아 놓고 읽기도 했는데, 읽은 책의 내용을 나눌 대화의 상대가 필요했다.

 덴버는 여타의 큰 대도시 같지 않아 한인의 수가 적어 사람 사귀는 것도 상당히 제한적이다. 아는 사람이라야 성당에서 만나 아는 사람이 전부인데 다들 나름대로 바쁘기도 하고 또 관심사도 각각 다르니 대화 상대를 구하기가 극히 어려울 수밖에 없다. 이리저리 전화하면서 상대를 찾아보기도 하였지만 결국에는 포기해버렸다.

 덴버뿐만이 아니라 다른 지역으로도 상대를 찾아보았다. 미국 다른 지역은 물론 한국의 친척, 형제자매, 동창 등 연락을 해 보았지만 마찬가지였다. 심지어 프랑스, 일본까지 친구를 찾아서 연락해 보기도 하였다. 페이스북 초창기 계정을 만들어 거기서 상대를 찾아보고, 인터넷 블로그를 찾아다니며 대화의 상대를 찾았지만, 허사였고 외로움은 더해만 갔다.

 그럴 때면 세탁소에 하릴없이 그저 앉아 있는 수밖에 없었다. 세탁소 앞으로는 찻길이고 건너편의 주택가에는 오래된 나무들이 서 있다. 외로움을 느낄 때면 그저 길 건너 나무들을 쳐다보는 것이 일이었다. 그런 어느 날, 외로움으로 치면 저 길 건너 나무가 나보다 훨씬 더할 것이라는 생각이 들었다. 그런데도 저 나무들은 항상 의연하게 서 있는 것을 보면서 '외로움'이라는 것은 그저 외롭다는 생각일 뿐이라는 것을 알게 되었다. 외롭다는 생각을 일으키지 않으면 그냥 그렇게 지낼만한 것인데 외롭다는 생각을 하게 되면 견디기 힘들고 괴로워지는 것이다.

 '외로움'이란 어려서부터 배워 알게 된 단어인데 거기에는 어떤 느낌과 개념이 붙어 있는 것이다. 그 개념이란 것이 사실은 외로움에 대한 생각이다. '외로움'이라는 단어를 모르면 그냥 그 상태만이 있을 뿐이다. 따라서 생각을 그치고 '외로움'이라는 말도 모르는 상태로 돌아가 개념을 떨쳐 버리면 아무 일도 없이 편안할 수 있다.

6. 개념에 대하여

우리는 태어났을 때 아무 개념을 가지고 있지 않았다. 그저 존재할 뿐 생각조차 없는 상태였다.

그렇다고 보지 못하고 느끼지 못하는 것은 아니었다. 사실상 나이 든 우리보다 더 잘 보고 느끼고 했을 것이다. 많이 사용하지 않아 기능은 더 좋았을 것이기 때문이다. 새로 구매한 컴퓨터와 오래된 낡은 컴퓨터를 비교해 보면 알 수 있다.

그때부터 우리는 배우기 시작한다. 말을 통하여 개념을 배우고 익히기 시작하는 것이다. 처음 배우는 말이 '엄마'일 것이고 '나'라는 말을 배울 것이다. 배우기 전에는 엄마가 엄마가 아니고 그냥 눈에 보이는 무엇일 뿐이었다. 나 또한 마찬가지로 '나'를 배우기 전에는 보이는 다른 것들처럼 그냥 보이는 무엇이었다.

'나'를 배움으로써 내 몸을 기준으로 하여 몸 안은 내가 되고, 몸 밖의 것은 '너'나 '그것'이 된다. 이어서 이름을 하나하나 배워 감으로써 보이는 모든 것들은 그 이름이 되어 버린다. 사실상 이름이라는 것은 사람들이 편의상 그것에 붙여 놓은 것일 뿐인데, 이름을 통하여 보이는 그 어떤 것은 별개의 개념 속에 묻혀 버린다.

눈앞에 있는 장미꽃을 본다고 하자. 그것은 장미꽃이라는 이름으로 보이기 이전의 독특한 그 무엇인데 장미꽃을 본다고 할 때 우리는 있는 그대로의 그것을 보는 것이 아니라 장미꽃이라는 이름에 붙어 있는 개념을 머릿속에서 끄집어내 그것을 통한 우리의 생각을 보게 되는 것이다.

모든 말에 붙어 있는 개념 또한 마찬가지이다. 추위와 더위를 들어 말해 보면, 춥고 더운 것은 어떤 상황에 대한 이름 붙임이다. 그런데 춥거나 덥거나 하는 것에는 싫다는 느낌이 따라서 온다. 그러나 춥다 덥다는 것은 배워서 아는 개념이요, 좋다 싫다는 것도 배워서 아는 개념일 뿐이다.

한국에 있을 때 한동안 열심히 등산을 했다. 여름이건 겨울이건 눈이 오건 비가 오건 가리지 않고 산을 찾았던 때가 있었다. 뜨거운 한여름이나 추운 한겨울에는 등산을 위해 집을 나서기 전에는 항상 다소의 망설임이 있다. 그런데 일단 그 마음을 털고 무작정 산을 오르다 보면 더위고 추위고 간 곳

없이 사라져 버린다는 것을 알았다. 그때 알게 된 것은 더위도 추위도 그냥 있는 그대로 껴안아 버리면 있는 것이 아니라는 것이었다.

말에 붙어 있는 개념과 마찬가지로 경험에 따른 개념도 우리가 살아가면서 접하는 모든 사물을 있는 그대로 만나지 못하도록 한다. 어떤 사람을 만났을 때 우리는 살아오면서 축적된 경험을 투사하여 만나게 된다. 예를 들면, 처음 본 사람에게서 예전에 내가 싫어했던 어떤 사람과 어느 곳에서든지 조금이라도 비슷한 느낌이 들게 된다면 처음부터 이유 없이 그가 싫어지는 것이다.

우리는 배워서 아는 모든 이름과 개념 없이 살아갈 수는 없다. 그렇지만 그 모든 개념을 배워 아는 채로 살면서도 동시에 배우기 이전의 여여한 상태를 함께 할 수는 없을까? 생각 없이 살면 가능하다. 이 말을 들으면 대부분 사람은 말이 안 된다고 거부해 버린다. 하지만 몰라서 하는 말이다.

나는 운전할 때 생각 없이 한다. 물론 출발할 때 어디로 갈 것인지는 정해 놓고 출발하지만 말이다. 마치 자율 주행 차의 목적지를 세트업 해 놓는 것과 같다. 세트업이 된 다음에는 별다른 생각을 할 필요가 없다. 앞에 차가 없으면 달리고, 앞의 차가 속도를 줄이면 같이 속력을 줄인다. 빨간 불이면 서고 파란 불이면 간다. 가면서는 하늘도 보고, 길가의 나무도 보고, 날아가는 새들도 본다. 운전하면서 특별히 생각할 것은 아무것도 없다. 생각 없이 운전하는 것이 가능하다면 세상의 다른 모든 일도 안될 리 없다. 모든 것은 마음에 달려 있다.

7. 도에 대하여

　젊어서부터 추구하였다. 지금에 와서 조그만 깨달음이 있다면 도란 추구하여 얻어지는 그 무엇이 아니고 그냥 그 자체이며, 별다른 것이 아니라는 것이다. 노자의 도덕경 1장은 '도가도비상도(道可道非常道)'로 시작한다. '도를 도라 하면 이미 도가 아니다'라는 말이다. 그냥 그거인 것을 굳이 무어라고 하면 빗나간다는 말이다. 그래서 하느님은 "내 이름을 헛되이 부르지 말라"고 한 것이다.
　우리는 도라 하면 특별한 사람들이 특별한 방법으로 얻는 것으로 생각한다. 그러나 그 생각과 달리 도란 것이 얻을 것이 없고 얻어지는 것도 아니며, 그저 세상에 있는 그대로 일어나는 그대로의 것일 뿐이다. 물이 흐르는 것, 바람이 부는 것, 밤낮이 교차하는 것으로부터 내가 생각하고 행동하는 것뿐만 아니라 모든 것의 존재 그 자체가 도인 것이다. 그래서 불가에서는 모두가 이미 부처이며 완전한 깨달음을 갖추고 있다고 하는 것이다.

중학교 시절부터 도덕 시간에 무위자연이라는 말을 들어 왔다. 당시에는 도덕이라는 학과목이 있었다. 그냥 자연에 묻혀 머루랑 다래랑 먹고 자연스러운 삶을 살아가는 것으로 배운 것으로 기억한다. 직장을 다닐 때까지도 그렇게 알고 있었다. 명동으로 출퇴근할 때 길가에 붓글씨가 쓰인 화선지를 늘어놓고 파는 사람이 있었다. 그에게 '무위자연(無爲自然)'을 크게 한자로 써 달라 부탁한 후 표구해서, 미국으로 떠나기 전까지 거실 한복판에 걸어 놓고 지냈다.

진정한 그 의미를 알게 된 것은 그로부터 한참의 세월이 흐른 다음이었다. 무위란 아무것도 행하지 않는 것이 아니다. 행위자가 없이 행함을 말하는 것이다. 행위자가 없다함은 우리가 항상 가지고 있는 '나'라는 자각이 없이 행함을 말하는 것이다. 올림픽에서 100m 달리기를 하는 선수를 생각해 보자. 경주에서 1등을 한 선수는 뛰는 동안 무슨 생각을 하였을까? 물어본 적은 없지만, 틀림없이 아무 생각 없이 뛰었을 것이다. 아무 생각 없이 뛰었다 함을 무위라 한다. 뛰었지만 '나'라는 생각도 없이, 뛴다는 생각도 없이 그저 뜀을 말한다. 뜀이 그저 자연스럽게 이루어졌을 뿐이다.

세상 모든 것은 자연스럽게 그냥 이루어진다. 그런데도 우리는 내가 무엇을 한다고 여긴다. 눈을 뜨면 시야에 있는 것이 그냥 눈에 들어오고 귀에는 소리가 그냥 들려온다. 밥을 먹으면 소화가 저절로 되고 몸의 신진대사가 저절로 이루어진다. 과학자들은 그것을 자율신경의 작용이라고 말한다. 내가 생각하고 내가 말한다고 믿고 있지만, 생각은 일어나야 내가 생각할 수 있고, 말하는 것은 말하게 되어야지만 내가 말할 수가 있다. 생각하고 말하는 기능이 작동하는 측면을 보면 무슨 말인지 이해가 더 쉬울 것이다. 잘 들여다보면 모든 것은 되는 것이다.

내가 한다고 생각하니 내가 하는 것처럼 보이나 그 생각은 거꾸로 뒤집힐 수도 있다.

누구든지 보고 듣는다. 물론 기능의 장애로 보고 듣지 못하는 예도 있다. 그렇지만 보고 들을 수 있는 잠재적 능력 자체는 누구나 가지고 있다. 따라서 누구나 이미 깨달음 상태에 있다고 말하는 것이다. 하지만 대다수 사람은 과거의 경험에 따른 '생각'을 통하여 모든 사물을 받아들인다. 진정 깨달은 이는 모든 것을 과거의 생각에 물들지 않은, 있는 그대로의 상태로 받아들인다.

도인이라고 특별할 것은 없다. 오히려 남다른 무언가의 체험을 얘기한다거나, 남다른 무언가의 능력을 자랑한다면 의심의 여지가 있다고 할 것이다. 도란 가장 평범하고 가장 보편적이고 가장 자연스러움을 말하는 것이다.

8. 깨달음에 대하여

우리는 깨달음에 대한 환상을 가지고 있다. 깨달은 사람은 깨닫기 위해서 출가를 해야 하고 산속에서 오랜 기간 수행을 통해서 깨달음을 '얻는다'라고 생각한다. 깨닫게 되면 미래를 내다보고 과거를 알아맞히며 신통력이 생기고 병도 낫게 할 수 있다고 생각한다. 하지만 이 모든 것은 환상이다.

그러면 깨달음이란 무엇을 깨닫는 것일까? 우리는 살아오면서 누구나 크고 작은 깨달음을 가진다. 죄를 짓고 감옥을 간 사람은 감옥에 간 다음에 죄를 지으면 감옥에 간다는 사실을 몸으로 깨닫게 된다. 최상의 깨달음이란 몸이 내가 아니라는 것을 아는 것이다. 우리는 누구나 몸이 나라고 굳게 믿고 있다. 하지만 그것은 사실이 아니다. 그저 그렇게 생각하고 맹목적으로 믿고 있을 뿐이다.

처음 태어났을 때는 누구나 '나'라는 생각이 없다. 그저 보이느니 들리는 것뿐이다. 엄마도 엄마가 아니고 그저 보이는 무엇일 뿐이다. 그 보이는 것이 엄마라는 것을 엄마를 통해 배운다. '나'라는 것도 사실 그냥 보이는 무엇이었는데 엄마가 가르쳐서 그것이 나가 되어 버렸다. '나'라는 말을 배우면서 그때부터 내 몸이 나가 되었다. 내 몸이 나라고 하는 것은 그냥 생각일 뿐인데 나이를 먹어 가면서 점점 철옹성 같은 믿음으로 굳어 버린다. 내 몸이 아닌 것은 '남'이 되는데 이 또한 생각일 뿐이다.

  진짜 나는 누구일까? 진짜 나란 '나'라는 말을 배우기 이전에 보고 듣고 하던 그것이고 '나'라는 말을 배운 주체가 그것이다. 배우는 무엇이 있어야 아무것이라도 배울 것이 아닌가? 그것은 '너'라는 말을 배우기 전의 '너'와 구분되는 것도 아니고 '너'와 통째로 하나로 존재하는 것이다. 진짜 나란, 존재 그 자체이고 보고 듣는 능력 그 자체이고 모든 것을 아는 그 자체이다. 시간과 공간의 제약을 받지 않고 그냥 '있음' 그 자체이다. 우리는 몸이 나라고 하는 생각을 시작하면서 무한으로부터 유한한 '몸'에 갇혀 버린 것이다. 깨달음이란 몸이 나라고 하는 생각에서 벗어남으로써 본래 대로 돌아가는 것이다. 몸이 나라고 하는 생각이 '진짜'인 나를 몸 안에 가두고 있었다.

따라서 깨달음이란 얻을 무엇이 아니고 무슨 대단한 것이라고 여기는 것은 환상이다. 사람이라면 누구나 진짜 '나'로서 존재한다. 그러므로 그 능력으로 보고 듣고 생각하고 하는 것이다. 깨달은 자와 깨닫지 못한 자의 차이는 백지장 하나의 차이보다도 적다. 그러기에 불가에서는 모든 중생이 부처라 하며 누구나 열반 상태에 있다고 하는 것이다. 우리의 근본 처지에서 보았을 때 그러하다.

깨닫지 못한 사람은 생각하는 중심이 몸 안에 있어 제약을 받는 상태에 있는 것이고, 깨달은 사람은 그 중심이 어디라는 좌표 없이 존재하는 관계로 자유로운 것이다. 중심의 이동은 순간에 일어난다. 깨닫지 못한 사람도 순간순간 깨달은 사람과 같은 상태를 수시로 경험한다. 다만 그것이 너무 짧은 순간뿐이고 지속하지 못하는 차이가 있다. 우리는 항상 쉬지 않고 생각을 하면서 살고 있는데 아주 짧은 순간이라도 생각이 멈춘 순간이 그러한 때이다. 아니면 이 생각과 저 생각 사이의 아주 짧은 간극이 또한 그러하다.

깨달은 사람이 사물을 보는 것은 객관적일 수밖에 없다. 내 몸이 내가 아니니 나는 실체로서 존재하면서도 동시에 실체 없이 존재한다고 할 수 있다. 너와 나의 구별이 없으니 모든 것을 보고 듣고 행함에 나를 위함이 있을 수 없으며 그저 순리대로 행할 뿐이다. 자연의 한 부분으로서, 아니 부분과 전체의 구분조차도 없이 그저 물 흐르듯이 흘러갈 뿐이다. 따라서 그의 행함을 무위라고 하는 것이다.

깨달은 사람은 무슨 특별한 사람이 아니고 그저 아주 보통인 사람이다. 그렇다고 전혀 개성이 없는 것이 아니라 사람이라면 모두 가지고 있는 자기만의 독특한 개성을 지닌 채로 삶을 살아간다. 감정에 휘둘림은 없으나 감정이 없는 것은 아니고 희비애락의 감정에 누구보다도 충실하다. 무엇보다도 깨달은 사람에게서는 한량없는 자애가 충만할 것이다.

9. 사랑에 대하여

　사랑은 눈물의 씨앗이라는 노래는 어려서부터 어디를 가도 들려오던 노래였다. 동서양을 막론하고 노래 대부분은 사랑을 노래하고 있다. 사랑에 대해서도 사람마다 다른 식으로 말할 수 있을 것이다. 사랑에 대하여 내 나름의 생각을 이야기해 보려고 한다.

　햇빛에서 사랑을 느껴 본 적이 있는가? 어렸을 적 추운 겨울날 무료하게 처마 밑에서 따스한 햇볕을 맞으며 시간 가는 줄 모르고 그저 편안했던 기억이 있다. 또 어느 때는 강가에서 물놀이하며 작열하는 태양 아래서 눈부셔하던 기억도 있다. 그때는 그것을 사랑이라고는 인식하기에는 너무 어렸다.

　그로부터 오랜 세월이 지난 후 은행에서 근무할 때의 일이다. 본점 건물 십 몇 층에 사무실이 있었는데 어느 날 오후 친구가 찾아 왔다. 누구였는지 생각나지 않는 것으로 보아 그리 친한 친구는 아니었던 것 같다. 창가의 테이블에 앉아 대화를 나누고 있을 때 유리창을 통해 햇볕이 들고 있었는데 그때의 그 따뜻한 햇볕에서 얼마나 사랑스러움을 느꼈던지 두고두고 기억이 난다. 또 한 번은 해가 뉘엿뉘엿 넘어가려고 하는 시간에 제1 한강교를 운전해 지나가고 있었는데 벌겋게 비추던 태양이 사랑으로 가득하다는 느낌을 받았다.

하느님이 가장 사랑하는 제자라는 사도 요한은 성경에서 "하느님은 사랑이십니다" 하고 외친다.

하느님은 만물에 편재해 있다고 하니 만물이 사랑일 수밖에 없다. 모든 존재는 존재 그 자체가 사랑이며 존재와 존재 사이의 관계나 흐름 또한 사랑이다.

물이 높은 곳에서 낮은 곳으로 흐르는 것이 사랑이며, 바람이 부는 것, 바람에 나뭇잎이 살랑살랑 흔들리는 것이 사랑이다. 자석이 쇠붙이를 잡아당기는 것이 사랑이고 자석에 쇠붙이가 끌려가는 것이 사랑이다. 전선을 따라 흐르는 전류의 흐름이 사랑이요, 그에 따라 전구가 빛을 발함이 사랑이다. 세상에 일어나는 모든 작용 치고 사랑 아닌 것이 없다.

모든 존재 자체가 사랑이라면 나도 사랑 그 자체이고 기쁨과 행복 그 자체이어야만 하는데, 나는 남을 미워하고 행복하지 않은 것은 왜일까? 내가 본연의 나로 살지 않기 때문이다. 본연의 내가 아닌 더 나을 것처럼 생각되는 그런 나로 살기 때문이다. 모든 것을 내려놓고 떠다니는 구름처럼, 흐르는 강물처럼, 부는 바람처럼 그렇게 흐르기만 할 수 있다면 나는 사랑으로 마냥 행복할 것이다.

10. 나는 누구인가?

　주변의 모든 사람이 '나'라고 생각하는 것은 '나'가 아니다. 그것은 그저 나라고 하는 말과 개념을 배워 둘을 연결해 놓은 것이고 생각일 뿐이다. 우리가 아무것도 모르던 갓난아이였을 때 우리는 진정한 나로서 존재했으며, 우리가 지금 나라고 알고 있는 그 나는 있지도 않았다. 따라서 나도 없었고 너도 없었고 그저 존재만이 있을 뿐이었다. 그 존재란 우리가 있고 없고를 말할 때의 그것이 아니라, 있고 없고를 넘어서는 그 무엇을 말하는 것이다. 보이는 모든 것으로 시작되는 감각의 대상과 감각의 주체와의 차별성이 없으니 모든 것이 통으로 하나였다. 그것은 시간과 공간을 넘어서는 것으로 시간과 공간으로 이루어지는 모든 것의 바탕이라고 할 수 있는데 그것이 동시에 의식으로서 존재하는 것이다.

진정한 나는 그 의식이다. 갓난아이로서 보고 듣고 느끼는 주체로서의 의식이 바로 진정한 나이다. 주체라고 하니 대상인 객체와 분별 되는 듯하지만, 주객이 통으로 하나이다. 나라는 말을 배우면서, 감각되는 몸이 나라고 굳게 믿게 되지만 그것은 사고(생각)를 통해서 생겨난 오류의 시작일 뿐이다. 진정한 나는 그 믿음을 가지는 주체이며 내 손과 발을 보고 인식하는 의식 그 자체이며, 시각을 통하여 보지 않더라도 손과 발에 대한 느낌을 가지는 주체 바로 그것이다.

그런데 갓난아이 때의 그것과 지금의 그것은 한 치도 변함없이 동일하다. 지금도 나는 시간과 공간 속에서 제약을 받는 유한한 존재가 아니고, 온 우주로부터 동떨어진 별개의 개체가 아닌 전체로서의 우주 그 자체이다. 공부하는 것은 그것을 알자는 것 이외의 다른 것이 아니다. 그런데 그 공부라는 것도 별것은 없으니 그저 내 몸이 나라고 하는 기존의 고정관념을 내려놓기만 하면 되는 것이다. 어떻게 그 고정관념을 내려놓을 것인가 하는 것도 그리 어려울 것이 없다. 왜냐하면, 우리가 때로는 그렇게 살고 있기 때문이다. 우리가 무언가에 몰입할 때 우리는 시간과 공간 밖에 있게 된다. 앞에서 말한 고정관념을 저절로 내려놓고 우리는 진정한 나로 존재하게 된다. 몰입은 삶의 모든 경우에 가능하다. 그냥 내 생각을 내려놓기만 하면 되는 것이다. 남이 말할 때 잘 들으면 되는 것이고, 내가 말할 때 안에 있는 진실이 그냥 흘러나오게 하면 되는 것이다. 감정에 충실하고 나의 이익에 집착하지 않으면 되는 것이다. 삿된 생각이 들면 전기 스위치 내려서 끄듯이 내려 버리면 되는 것이다. 몰입을 달리 말하면 현재에 있는 것이라 할 수 있다. 사실상 과거와 미래는 실재하는 것이 아니고 우리의 생각 속에서 실재하는 것처럼 착각되는 것일 뿐이다. 실재하는 것은 오직 현재뿐이다. 현재에 있는 것이나, 몰입하는 것은 물론 연습을 많이 해야 할 터이다. 하지만 세상에 연습 없이 숙달될 수 있는 일이 어디 있겠는가?

모든 성인과 깨달은 사람들은 한결같이 이 진정한 나를 우리에게 알려 주고자 하였다. 하지만 후대에 그에 미치지 못하는 사람들이 오직 자기의 것만이 길인 양 길을 어지럽혀 놓았다. 하지만 진정한 길은 가장 단순한 것이다. 단순하지 않은 길은 길이 아니다. 어린아이와 같은 단순함만이 우리에게 바른길을 택하도록 할 것이다.

11. 포항 고모

아버님 위로 고모님이 한 분 계시는데 우리는 모두 포항 고모라고 불렀다. 나중에 알았는데 큰아들이 포항제철에 다니므로 포항에 아들과 함께 오랫동안 사셔서 그렇게 부른 것 같다. 그 고모님은 젊은 시절에 청상과부가 되어 두 아들을 고생고생하며 기르고 공부시켰다고 들었다. 약간 쉰 목소리에 장난기 가득한 애들 같은 얼굴을 하셨는데 하시는 행동에 걸림이 없으신 분이었다. 어렸을 때는 어쩌다 가끔 뵈었기에 별다르게 기억에 남는 일은 없다.

고모님은 젊어서 시골의 시외버스 정거장 옆에서 운전기사나 조수들을 위한 밥집을 하셨다고 들었다. 밥과 함께 술도 팔았다고 하니 젊어서부터 거치디 거친 손님들을 상대하며 정말 힘든 삶을 사셨을 것이다. 어린 시절 부모님을 따라 할아버지 댁을 갈 양이면 그 추운 겨울에도 캄캄한 새벽부터 시외버스를 타고 또 갈아타고 한 기억이 있는 터라 그런 분위기는 쉽게 상상이 된다.

  은행에서 대리로 승진하여 연고도 없는 포항으로 발령이 난 적이 있다. 방 두 칸 있는 연립주택에서 전세를 살았는데, 그곳에서 우리 부부는 둘째 아들을 얻었다. 그때는 고모가 포항에 살고 있지는 않았는데 어쩐 일로 우리 집에를 들르셨다. 옆방에다 이부자리를 깔아 드렸는데 다짜고짜 우리 방으로 이불을 둘둘 말아 들고 오셔서 우리 부부 가운데에다 펴시고는 "나 여기서 잘란다" 하시고는 벌렁 누워 주무신 적이 있다. 그날 집사람은 밤새 한잠 이루지 못한 것은 물론이다.

  이후 아버님도 돌아가시고 고모가 팔십도 훨씬 넘기셨을 때, 어머니를 뵈러 들렀다가 고모님을 뵙게 되었다. 당신이 살아온 지나간 일들을 얘기하시면서, "나는 평생 피곤을 모르고 살았다."라고 말씀하셨다. 당시에는 무슨 말을 하시는 건가 싶었다. 어머니께 들어 평생을 고생하신 것을 알고 있는데 그런 말씀을 하는 것이 이해가 되질 않았다.

  그로부터 또 한동안의 세월이 흘러 고모님이 돌아가신 지도 꽤 되었을 때, 고모님께서 하셨던 그 말씀을 이해하게 되었다. 고모님이 평생을 고생하며 나날이 피곤한 삶을 사신 것은 명백한 사실이었다. 그런데 고모님이 평생 피곤을 모르고 사신 것도 또한 사실이다. 고모님은 평생 '피곤'이라는 개념을 가지지 않고 사셨다. 새벽부터 종일 힘든 일을 하고 몸을 부지하기 어려워, 구석에 쭈그리고 앉아 눈꺼풀이 저절로 내려오는 상황에서도, 고모님은 그것이 피곤이라고는 추후도 생각해 본 적이 없으신 거였다. 누구라도 피곤하고 힘든 삶은 싫어하고 회피하려 하지만 고모님은 그 삶을 그저 그대로 온전히 받아들이신 것이었다.

언제부터인지 깨달은 사람, 도통한 도사를 가까이에서 접하기를 기대하며 찾아 왔으나 항상 기대는 빗나갔다. 그런데 고모님이 가신 다음 한참이 지나서야 비로소 내 가까이 처음이자 마지막으로 그런 분이 계셨었다는 것을 알게 되었다.

깨달은 사람은 무슨 대단한 지식이나 남다른 특별한 능력을 갖춘 사람이 아니다. 지극히 평범한 그 누구보다도 보통인 사람이다.

12. 손녀딸

큰아들이 카톡으로 손녀딸 동영상을 보내 왔다. 태어난 지 2개월 갓 지났는데 처음으로 웃는 사진이라고 했다. 아기가 웃기 시작할 때면 동시에 웃고 있는 나를 보며 신기해했다. 나는 원래 아이들을 그다지 이뻐하지를 않고 또 그리 잘 웃는 편이 아니기에 더욱 그러했다.

아들이 결혼하기 전 이미 친구나 아는 친지들은 거의 손주들이 있어 자랑하곤 했다. 스마트폰이 모두에게 상용화된 후로는 너나 할 것 없이 손주들 사진을 보여 주려고 난리들이었고, 그럴 때마다 나는 사진을 보여 주려면 돈을 내라고 농담을 하곤 했다. 그리고는 그들에게 항상 물어보았다. "손주들이 예쁘냐, 왜 예쁜 거냐?" 아무도 '왜'에 대해서는 대답하는 사람이 없었다. 그냥 예쁘다는 말과 손주를 가져 보면 안다는 말이 대부분이었다. 기억에 남는 남다른 답변 하나는 "핏줄이니까!"라는 것이었다.

살아오면서 어떤 일이 있으면 항상 그 이유를 알아내고자 하는 마음을 가져 왔다. 알아내고자 하는 마음을 버리지 않고 끈질기게 가지고 있으면 시간이 지나 때가 되어 저절로 알게 된다는 것도 경험으로 터득하게 되었다. 마치 된장이 숙성하듯, 포도주가 숙성하여 맛이 들듯이.

오늘 아침 아기가 웃고, 내가 웃는 모습을 보며 나름의 답을 내었다. 모든 조부모가 손주들을 예뻐하는 것은 물 흐르듯이 자연스럽고 당연하다. 젊어서 자기 자식들을 그렇게 예쁘게 보지 못한 것은 자기 자신이 숙성하지 못하여서이고, 또 바쁜 삶이 우리가 예쁜 것을 예쁘게 볼 수 없도록 눈을 가렸기 때문이다. 나이가 들어 관조의 여유를 조금이나마 가지게 되니 예쁜 것을 예쁘게 볼 수 있게 되지 않았나 한다.

위에서 손주들을 예뻐하는 것이 당연한 일이라고 했는데, 그것만으로는 답이 될 수 없다. 세상에 존재하는 모든 것들은 나름대로 모두가 극치의 아름다움이라는 것이다. 떠오르는 아침 해로부터 한낮의 뜨거운 태양, 지는 석양이 아름답지 않은 것이 없다. 보도블록 사이에 비집고 나오는 잡풀의 새싹을 보고 아름다움을 느껴보았는가?

아기들도 사실 세상의 모든 아름다움의 일부이다. 조부모들이 그들의 손주들을 그렇게 예뻐하는 것은, 살아가면서 세상의 아름다움을 제대로 느껴보지 못한 채 평생을 살아온 그들에게 비로소 예쁜 것을 예쁘게 볼 기회가 주어졌기 때문이다. 바로 자신들의 손주들을 통해서이다. '내' 손주를 통해서 그렇지 않았으면 그냥 지나쳤을 아름다움을 발견하게 된 것이다. '나'와 관련된 이유로 해서 그 아름다움이 그대로 지나쳐 버리질 않고 내 마음속으로 파고들어 온 것이다.

나는 요즈음 남에게 손주 사진 보여 주는 것을 삼가는 편이다. 지난날의 나의 모습을 돌이켜 보기 때문이다. 바라는 바는 조부모들이 손주를 예뻐하는 만큼 나와 별 관계가 없는 세상의 다른 모든 아름다움을 충분히 즐길 수 있었으면 하는 것이다.

13. 사랑하는 내 동생 현주

현주는 우리 5남매 중 막내 여동생이다. 그 애가 작년 11월에 가장 먼저 하늘나라로 가 버렸다. 중학교에서 국어를 가르치다가 작년 2월에 퇴직하고 제2의 인생을 보다 여유 있고 행복하게 시작해 보겠다고 했는데 뜻밖의 췌장암을 발견하고 투병 생활을 하다가 간 것이다. 투병 중에 한 번 보지도 못하고 카톡으로만 대화를 나눈 것이 전부였다.

작년 2월 어느 아침에 바로 밑의 남동생으로부터 전화를 받았다. 어머니가 연로하시고 몸 상태도 좋지 않으셔서 한국에 있는 동생에게서 전화가 오면, 항상 불안한 마음으로 전화를 받았는데 뜻밖에도 여동생의 발병 사실을 전해 주었다. 너무 충격을 받아 얼이 빠지다시피 집사람에게 그 일을 알려 주며 함께 대성통곡을 했다. 췌장암이 어떤 것인지 평소 들어서 잘 알고 있기 때문이었다.

모르는 척하고 동생에게 카톡을 보냈더니 발병 사실을 알려 주면서 자기는 남에게 악행을 한 적도 많지 않고 술 담배도 하지 않았는데 왜 나냐고 하면서도 나한테는 너무 걱정하지 말라고 답장을 보내 왔다. 자기의 좌우명은 '진인사대천명'이라고 하면서 '화팅!!!'을 외쳤다.

마음이 너무 안타깝고 급하기만 했다. 멀리 있으니 아무것도 해 줄 수 없다는 것에 너무나 좌절하였다. 한국에 있는 동창생들에게 수소문해 보았다. 그중 의사들이 많으니 병원 일과 관련해서 동생에게 어떤 편의라도 줄 일이 없을까 해서였다. 그러나 전해들은 소식은 대부분 동창생은 이미 그 전년도에 대학병원에서 전부 정년퇴직을 했다는 것이다.

3월에 전화 통화를 했는데 40분 정도 통화를 하다가 전화가 끊어졌다. 그리고 들어온 카톡 메시지는 내 말을 듣는 것만도 힘이 든다고 하는 것이었다. 이후로는 동생을 힘들게 할까 봐 전화하고 싶어도 참았다. 집안일 관련해서 일상적인 카톡 대화를 나누며 안부를 묻고는 했었다.

항암치료를 받으러 다니던 중 9월에는 열이 나서 치료를 중단하고 입원했다고 카톡을 보내왔다. 그러면서 인간의 삶과 죽음, 인간의 생로병사에 관해 얘기해 달라고 하는 것이다. 그러지 않아도 처음 발병 소식을 들을 때부터 시간이 얼마 남지 않았다는 생각에 마음이 바쁘기만 하던 터였다. 그동안 나는 동생에게 내 나름으로 알아낸 모든 것을 알려주어 삶과 죽음의 실상을 알고, 편안하게 갈 수 있게 해 주고자 하는 마음뿐이었다.

동생과 나는 어린 시절을 함께 보냈지만, 오손도손 함께할 기회는 거의 없었다. 어린 시절 나는 항상 밖으로 나가 놀기 바빴고 중고등학교, 대학 시절에도 역시 그러했다. 동생과 내가 대화를 하고 가깝게 지내기 시작한 것은 내가 결혼하고 나서 아버님께서 돌아가시고 난 후였으며, 집안일로 모일 기회가 있을 때면 동생과는 오랫동안 대화를 주고받았다. 그동안 동생을 남몰라라 했던 것도 미안했고 아버님이 안 계셔서 안 된 마음도 들었다. 그런데 그런 것보다 동생은 국문과 출신이라 책 읽기를 좋아하고 생각의 깊이가 있어 대화가 잘 통했기 때문이었다. 또 동생은 내가 살아오면서 본 누구보다도 착한 심성의 소유자였다.

동생은 대학 졸업 후 교사 자격증을 가지고도 한동안 취업 때문에 걱정하고 있었다. 발이 넓으신 아버님께서 살아 계셨으면 아무 걱정이 없었을 터인데 나로서도 너무 안타깝기만 했다. 그러던 어느 날 동생에게서 전화가 걸려 왔다. 어떤 학교에 교사로 취직이 되었다는 소식을 알려 왔는데 전화를 받으며 내 입에서는 저절로 울음과 동시에 감사의 기도가 터져 나왔다. 사실 나는 슬픈 드라마를 보고서도 눈물조차 흘리는 사람이 아니었다. 그때 동생과 나는 특별한 인연으로 연결되어 있다는 느낌을 받았다.

동생은 굉장히 단순하고 깨끗한 마음을 가진 사람이었다. 삿된 마음은 조그만큼도 없이 모든 것을 순순히 받아들이고 진실하고 선한 것을 추구하면서 살았다. 2013년에 십몇 년 만에 한국을 방문해 동생을 만날 기회가 있었다. 그때 동생에 대한 느낌은 오랫동안 직장인으로 사회생활을 해 오면서 너무 힘들었겠구나 하는 연민이었다.

동생이 병원에 입원해 있는 동안 자주는 아니더라도 카톡을 주고받았는데, 이 책에 쓴 내용 중 일부에 관해 써 보내곤 했다. 9월 어느 날에는 동생이 이런 내용을 보내 왔다.

"오라버니 말씀을 들으니 참 좋네요. 좋은 말씀 있으시면 아무 때나 보내 주세요. 참고로 오라버니도 책을 한 권 쓰시기를 권합니다."

동생은 한 번도 나를 오빠라고 불러 본 적이 없다. 항상 오라버니라는 말로 불렀는데 나는 그 호칭이 항상 좋았다. 오빠 노릇도 제대로 못 했는데 말이다.

10월 들어 동생이 물어 왔다. "오라버니는 뭐든지 답해 주실 것 같으니 하나 여쭤볼게요. 사람들이 하느님을 믿는 것이 예수님을 믿고, 관음보살을 믿고, 자신들의 수호천사를 믿으며 의지하는 것과 같은 건가요?" 나름대로 써 보내고 나서 답신을 받았다. "눈도 침침할 텐데 답장 주어 감사해요. 건강하시고 행복한 삶 사시길 바랄게요."

동생이 힘들까 봐 자주 써 보내진 않았는데 10월 마지막 날 카톡을 보냈다. 그런데 상당히 여러 날이 지났는데도 동생이 읽지를 않는 것이었다. 11월 15일 날 동생에게 더는 참지를 못하고 전화를 했는데 받지를 않았다. 바로 그다음 날 아침 남동생에게서 전화를 받았다. 동생이 하늘나라에 갔다고. 오전 내내 일하며 틈만 나면 소리 내 울었다. 동생이 세상에 없다고 생각하니 견디기 어렵게 슬펐다.

하루 이틀 지나며 생각하지 않기로 했다. 동생이 살아 있을 때나 세상에 없는 지금이나 다른 것은 아무것도 없었다. 없다고 생각하니 괴롭고 슬프고 견디기 어려운 것이었다. 2022년 들어 동생 말대로 책을 쓰기로 마음을 먹고 실행에 옮겼다. 이글은 다른 것들을 다 쓰고 나서 끝으로 쓰는 것이다. 동생에 대한 글은 맨 끝에 쓰고 싶었다. 오래전에 책을 써야겠다고 생각을 했다가 접어 두었다. 언제부턴가 모든 것을 다 알지도 못하면서 책을 쓰는 것은 경우가 아니라는 생각이 들었다. 그런데 동생이 간 다음 마음을 바꾸었다. 세상에 모든 것을 다 통달하고 나서 책을 쓰는 사람이 어디 있겠나 싶었다. 또 중간 결산이라도 하는 마음으로 한번 정리를 해 보아야겠다는 생각을 하면서 책 쓰기를 시작했다.

맺음말

  살면서 느끼고 생각했던 모든 것들을 기억이 허락하는 만큼 적어 보았다. 웬만큼 나이 들어서부터의 숙원 사업이기도 했던 일이다. 모두 써 놓고 나니 아주 후련한 마음이다. 그러나 한편으로 상당히 아쉽기도 한 것은 읽는 사람들이 모두 공감하면서 후련한 마음을 가질 수 있도록 쓰였을까 하는 의문이 있기 때문이다.

  책을 쓰면서 가까운 이들에게 한두 장씩을 보내 읽어 보도록 하였다. 읽고 나서 어떻게 생각하는지 물어보고 참고하고자 함이었다. 몇 차례 시도하다가는 그만두었는데 그 일을 통하여 나름대로 마음의 정리를 하게 되었다. 내가 쓴 것을 모든 사람이 읽고 좋아할 수는 없다는 것이 사실이다. 내가 아무 책이나 읽고 좋아할 수 없는 것과 같이 자명한 일이다.

  다만 소수의 사람이라도 읽으며 공감을 할 수 있고, 아주 조그마한 것이라도 삶을 바라보는 시각에 유익한 더해짐이 있다면 더 바랄 나위가 없겠다. 물질문명이 만연하고 금전 만능주의가 범람하는 요즈음, 살아가며 일어나는 어떤 일에서 의미를 따져 보는 사람은 거의 찾아보기 힘들다. 피상적인 삶을 쳇바퀴 돌아가듯 지속하면서 삶은 점점 팍팍해지고 사람 사이의 관계도 맞물려 돌아가는 마모된 톱니바퀴처럼 삐걱거린다.

삶에서 의미를 찾고 행복하기 위해서 우리는 더욱 근원적인 데로 눈을 돌려야만 할 것이다. 내가 독립적인 개체라는 생각으로부터 근원으로부터의 분리가 일어나고 행복으로부터 자연스럽게 멀어지게 된다. 따라서 행복하기 위해서는 '나'란 무엇인가를 탐구하여 근원으로 회귀하는 수밖에 없다.

이에 대해서는 이미 여러 성현께서 밝혀 놓았지만, 내가 이 졸작을 기술한 이유는 범인의 관점에서 어려서부터 나름으로 경험하며 느끼고 생각해 온 바를 적어 봄으로써, 독자들에게 다소라도 시사가 되고 참고가 되었으면 하는 바람이다. 부족한 내용 끝까지 읽어 주신 모두에게 감사드린다.

■ 홍현택

서울 중·고등학교 졸업
성균관대 경영학과 졸업
외환은행 근무
미국 이민(현재 덴버에서 세탁소 운영)

초판인쇄	2022년 11월 4일
초판발행	2022년 11월 9일
저　　자	홍 현 택
발 행 인	권 호 순
발 행 처	시간의물레
주　　소	경기도 파주시 숲속노을로 150, 708-701
전　　화	031-945-3867
팩　　스	031-945-3868
전자우편	timeofr@naver.com
홈페이지	http://www.mulretime.com
블 로 그	http://blog.naver.com/mulretime
I S B N	978-89-6511-408-6 (03110)
정　　가	12,000원

ⓒ 2022 홍현택
* 잘못된 책은 바꾸어 드립니다.